일본제국 육군의 흥망

리더십의 결여와 참모의 폭주

일본제국 육군의 흥망

리더십의 결여와 참모의 폭주

김준영 지음

경인문화사

머리말

일본어판 위키피디아의 '阿部信行(아베 노부유키)'에 대한 설명 중에 이러한 대목이 나온다. "반일감정이 강하고 한자 교육을 폐지한 한국에서는 학자나 문화인들에게까지도 일본 통치 시대 최후의 조선총독이었던 아베 노부유키(阿部信行)를 아베신조(安倍晋三) 전 수상의 할아버지라고 널리 알려져 있지만, 한자에서 알 수 있는 바와 같이 아무런 관계가 없다."

많이 창피한 기술이다. 한국인들이 매우 무식하다는 얘기다. 실제로 그런 말을 하는 사람들은 '학자나 문화인'인 척하는 시정의 잡인(雜人)들에 지나지 않는다. 그러나 우리 사회에는 일본에 대해서 사실 여부와 관계없이 덮어놓고 나쁘게 말해도 되는 분위기가 있음을 부인할 수 없다. 우리의 인식 속에 식민지배의 암울한 역사와 반일감정의 확대재생산으로 인해 엄연한 사실마저도 인정하려 들지 않는 경향도 있다.

이 책은 1945년 이전의 일본 역사에 대한 분석이나 평가를 목적으로 한 학술서적도 아니요, 특별한 역사관을 가지고 역사를 해석한 것도 아니다. 전전(戰前)의 일본에 대한 이해에 조금이나마 도움이 되었으면 하는 마음으로 역사를 이야기처럼 서술한 것이다.

어느 시대를 막론하고 인간 사회에는 조직을 움직이는 지도자와 참모의 역할이 있다. 이들의 관계를 살펴보면 참모를 잘 활용하여 바람직한 결정을 내리는 지도자가 있는 반면, 참모에 휘둘리거나 잘못된 결과에 대한 책임을 참모에게 떠넘기는 지도자가 존재한다. 이 책에서는 이런 점들을 돌이켜 보면서 전전 일본 육군에 있어서의 '지휘관과 참모의 역할 - 그 범위와 한계'라는 과제를 생각해 보았다.

역사란 언제나 오늘을 살고있는 우리들에게 교훈을 전해주고 있다. 우리의 역사건 다른 나라의 역사건 인간의 속성과 사는 모습은 크게 다르지 않다. 이러한 역사에서 교훈을 얻거나 얻지 못하는 것은 결국 자신의 문제인 것이다. 변화가 심한 시대에 살면서 역사가 전해주는 의미와 교훈을 다시 한번 생각할 수 있는 계기를 가져 보았으면 한다.

마지막으로 이 책의 출판을 허락해 주신 경인문화사의 한정희 대표님과 이다빈, 김지선 씨에게 감사를 드린다.

2023년 11월

차례

머리말 4
후기 245

제1부 군부의 성장과 파벌의 형성

군부의 대두   11

근대국가의 형성과 군부   20

군대의 제도화   30

죠슈와 사쓰마   36

국방충실화 계획의 좌절과 군축   42

우가키벌과 사가벌   49

제2부 새로운 군부 세력의 등장 - 5·15사건과 2·26사건

전후파 장교들의 세력화   59

잇세키회(一夕会)의 결성   65

만주사변   72

아라키의 등장   81

5·15사건   90

「황도파」와 「통제파」   97

중심없는 육군대신과 「황도파」의 폭발   104

엘리트 장교와 '청년장교'   115

2·26사건   123

제3부 군부파시즘의 등장과 침략전쟁

히로타 내각의 실세, 테라우치 육군대신 135

군 출신 수상의 3류 정치 143

젊은 귀족 고노에에의 기대와 실망 148

중일전쟁의 확대 155

공안통 법조관료 내각의 외교 실패 165

단명의 육군내각·해군내각 170

고노에의 재등장 - 귀족 정권의 한계 177

제4부 태평양전쟁과 패전

도쿄 히데키(東條英機) 191

패전으로의 길 201

육·해군 협력내각과 '옥쇄'의 연속 214

패전 - '일본의 가장 긴 하루' 224

전쟁의 책임과 전범 234

제1부

군부의 성장과
파벌의 형성

	수상	육군대신	참모총장	교육총감
1919				一戸兵衛 대장 이치노에 효에
1920	原 敬 하라 타카시	田中義一 중·대장(구8) 다나카 기이치	上原勇作 대장·원수(구3) 우에하라 유사쿠	大谷喜久蔵 대장(구2) 오타니 키쿠조
1921				
1922	高橋是清 다카하시 코레키요	山梨半造 중·대장(구8) 야마나시 한조		秋山好古 대장(구3) 아키야마 요시후루
1923	加藤友三郎 가토 토모사부로			
1924	山本権兵衛(제2차) 清浦奎吾 기요우라 케이고	田中義一 대장(구8)	河合 操 대장(구8) 가와이 미사오	大庭二郎 대장(구8) 오바 지로
1925	加藤高明 가토 타카아키	宇垣一成 중·대장(1) 우가키 카즈시게		

군부의 대두

1932년 5월 15일, 맑은 날씨의 일요일이었다. 오후 5시경, 77세의 노(老)정치인 이누카이 쯔요시(犬養毅) 수상은 도쿄(東京) 한복판의 공저 (公邸: 관저 내의 생활 공간)에서 쉬고 있었다. 부인은 외출 중이었다.

이곳에 십여명의 군인들이 들이닥쳤다. 경비원을 밀치고 공저의 앞문과 뒷문으로 난입하여 군화발로 공저 안으로 들어와 모든 방을 뒤지기 시작했다. 경호를 담당하는 경찰이 수상에게 달려와 폭도들이 난입했음을 알리고 피신할 것을 재촉했다. 그러나 수상은 "피신할 필요없다. 만나지" 하며 버텼다.

그 앞에 해군 소위 복장의 2명과 육군사관학교 사관후보생 복장의 3명이 밀고 들어왔다. 군인 중 한명이 권총을 꺼내 수상에게 발포하였으나 불발이 되었다. 이를 보고 있던 이누카이가 말했다.

"쏘는 것은 언제든지 할 수 있으니, 우선 저쪽으로 가서 얘기를 듣지."

노(老)수상의 담대함에 주춤해진 군인들은 응접실로 안내되었다. 수상은 군인들에게 담배를 권하면서 말했다,

"신발 좀 벗지 그래…, 그런데 무슨 일인가?"

그곳에 다른 무리의 군인들이 들이닥쳤다.

"몬도무욧!(問答無用·얘기할 필요 없다)"
"쏴라"

전원이 발포하였다.

공저에서 시중드는 여자가 달려와 보니 수상은 얼굴에 총탄을 맞고
코에서 피를 흘리고 있었으나 의식은 분명히 있었다. 시중드는 사람에
게 수상은 말했다.

"불러와…, 지금 그 젊은이들…, 얘기해 줄 게 있어."

병원으로 옮겨진 이누카이 상태는 총탄 3발이 몸에 박혔고 4발째가
등을 스치고 지나갔다고, 6시 40분경 의사단이 발표했다. 달려온 가족
들에게 이누카이가 말했다.

"9발 중 3발밖에 맞히지 못했어. 군인들 훈련상태가 엉망이야."

그러나 수상의 용태는 점점 악화되어 그날 밤 11시 26분 절명했다.
이 사건을 「5·15사건」이라고 부른다.
이 사건을 계기로 1924년 6월의 가토 타카아키(加藤高明) 내각 이

래 8년 가까이 지속되어온 정당정치의 토대가 붕괴되었다. 그리고 약 4년 뒤인 1936년 2월 육군을 중심으로 일어난 쿠데타 미수사건(「2·26사건」)을 거치면서 일본정치는 혼돈의 늪으로 빠져든다. 결국 군부 파쇼정권이 등장하게 되었고, 그 결과 전쟁 확대의 길로 접어들게 된다.

당시 젊은 장교들은 어떤 생각을 가지고 있었고, 왜 정치에 불만을 품게 되었으며, 수상을 죽이면서까지 이루고자 했던 것은 무엇이었나? 여기에는 군부와 정치와의 관계, 그리고 군 내부의 조직상 문제와 파벌 구조가 깊숙이 내재되어 있다.

4년 전인 1928년 6월, 만주의 관동군(関東軍)이 펑톈(奉天: 지금의 瀋陽)군벌의 우두머리 장쭤린(張作霖)을 폭살시킨 사건이 발생했다. 당시 정우회(政友会) 내각의 다나카 기이치(田中義一) 수상은 사건의 배후에 관하여 먼저 천황에게 보고했던 내용을 사후에 번복하였다. 이로 인해 다나카는 수상에서 퇴진하였다. 후임 수상에는 민정당(民政党)의 하마구치 오사치(浜口雄幸)가 올랐다. 대장성(大蔵省) 관료 출신인 하마구치는 대장대신(大蔵大臣)에 일본은행 총재 이노우에 준노스케(井上準之助)를 임명하였다. 목적은 금(金) 해금(解禁)을 통한 환시세의 안정과 수출증진을 통한 불황 탈출 정책의 추진이었다. 이와 함께 금 해금 이후의 금 유출에 대비한 긴축재정과 디플레이션 정책을 밀어붙였다. 아울러 일본제품의 국제경쟁력을 높이기 위하여 산업합리화 정책을 강력히 추진하였다. 이 과정에서 많은 중소기업들이 도산하는 사태가 발생하였다. 또한 농촌의 경제 상태도 심각한 지경에 이르게 되었다. 그러나 정부는 긴축재정을 관철해야 한다는 구실로 서민에 대한 구제정책에는 소극적이었다. 그리고 드디어 1930년 1월 일본은 금 해금을 단행하였다. 금본위제도로 복귀한 것이다.

케인즈는 금본위제도를 '야만의 유산'이라고 말했지만, 당시의 국제경제에서의 신용도는 금본위제도를 통해서 유지되고 있었다. 제1차 세계대전으로 금본위제도를 일시 중단했던 유럽 국가들은 거의 1920년대 중반 금본위제도로 복귀해 있었다. 일본의 금본위제도의 역사는 청일전쟁의 승리로 거액의 배상금을 받아낸 것을 계기로 1897년 처음 실시되었다. 그러나 20년 정도 지속되다가 제1차 세계대전 중인 1917년 9월 이를 중단하고 관리통화제도로 전환할 수밖에 없었다.

일본이 이렇게 국내 경제의 어려움을 무릅쓰고 금본위제도로 복귀하였으나, 그 앞에는 어두운 먹구름이 드리워져 있었다. 약 1개월 전 미국 뉴욕의 주식이 폭락하면서 세계공황이 닥쳐오고 있었다. 이는 몰아치는 폭풍우를 향해 창문을 열어젖힌 꼴이 되고 말았다.

그리고 군부에는, 특히 해군에게는 매우 어두운 소식이 전해졌다. 그해 4월 런던에서 열린 해군군축회의에서 순양함 이하의 보조함에 대한 제한이 이루어졌다. 일본은 순양함·구축함 등의 보유율을 미국 대비 0.6975로 하기로 한 것이다. 해군 내부에는 이 조약에 찬성하는 「조약파」와 이에 반대하는 「함대파」가 대립하였다. 「함대파」에 속했던 당시의 해군군령부장(海軍軍令部長: 해군의 군령권을 행사하는 직위로 육군의 참모총장에 해당) 가토 히로하루(加藤寬治) 대장은 이에 불만을 품고 조약이 의회에서 승인된 6월 천황에게 직접 사표를 제출하고 사임하였다. 조약의 비준권을 갖고있는 천황에게 비준을 거부해줄 것을 표명한 것이다. 그러나 천황은 추밀원의 자문을 거쳐 10월 2일 비준안을 재가하였다.

과거 일본 헌법에서 군에 대한 통수권은 천황의 권한에 속하는 사항이다. 구체적으로 통수권은 군의 조직과 편제, 근무 규칙, 인사와 직무, 출병과 철병(철수), 전략, 군사작전의 수립과 지휘 등이다. 이 중 조직과 편제 및 인사에 관련한 사항은 군정권(軍政權)이라 하여 육·해군대신의 보필을 받아 행사하며, 군사전략의 결정 및 군사작전에 관한 사항은 군령권(軍令權)이라 하여 육군참모총장과 해군군령부장의 보필을 받아 행사하였다. 한편 병력 수준에 관한 사항, 즉 육군의 사단 수나 해군의 함대의 규모 등은 천황의 군에 대한 편제권이다. 따라서 예산을 담당하는 육·해군대신 보필을 받아 행사한다는 것이 일반적인 법률 해석이었다. 그러나 「함대파」는 통수권을 확대 해석하여 병력 수준의 결정은 편제권이 아닌 통수권(군령권)에 포함된다고 주장하였다. 따라서 해군군령부의 의견을 무시하고 조약을 체결한 것은 통수권을 간범(干犯: 권리를 간섭하여 침범)한 것이라고 주장하고 나섰다. 다시 말해 내각이 국제조약을 통하여 해군의 군함 수를 제한한 것은 천황의 군 통수권을 침해하였다는 주장이다. 이러한 군부의 주장을 계기로 정당정치는 점차 약화되기 시작하였고, 군부는 정부의 결정이나 방침을 무시하며 폭주하기 시작했다.

이 군축조약의 일본측 전권대표는 다나카 기이치 수상의 전임 수상이었던 민정당의 와카쓰키 레이지로(若槻礼次郎)였다. 그는 해군들의 불만의 표적이 되었다. 이 조약의 타결을 계기로 당시의 하마구치 내각은 해군 예산을 감축하여 긴축재정을 지속하려 하였다. 그러나 군축으로 얻게 된 재정상의 효과는 금본위제도로의 복귀로 인하여 발생된 피해에 견줄 바가 되지 못했다. 이러한 복합적 혼란은 급기야 국가주의 단체의 등장을 불러왔다.

결국, 같은 해 11월 14일 하마구치 수상이 도쿄역에서 국가주의 단체의 청년에게 피격당하는 사건이 발생하기에 이른다. 수상은 병원으로 옮겨져 긴급 수술을 받고 일단 생명에는 지장 없이 회복되는 듯 하였다. 그러나 다음 해인 1931년 1월 야당의 집요한 국회 출석 요구에 응한 것이 화근이 되어 4월 재입원을 하게 되었고, 결국 건강 악화로 수상직을 사임하였다. 후임 수상에는 군축조약의 전권대표였던 와카쓰키 전 수상이 두 번째로 수상에 올랐다. 하마구치 수상은 결국 8월 사망하였다.

그해 9월, 관동군은 펑톈 교외의 류탸오후(柳條湖) 부근에서 만주철도를 고의로 폭파시키고, 이를 중국군의 행위로 덮어씌워 군사행동에 나섰다. 만주사변의 발발이다. 와카쓰키 수상은 관동군의 행동에 대하여 즉각적인 결단을 내리지 못하고 우유부단한 태도를 보였다. 당시 쇼와(昭和)천황은 30세, 즉위 6년째로 아직 군부에 대하여 강력한 카리스마를 갖지 못한 상태였다. 군부는 군부대로 민정당 편향의 천황의 자세에 불만을 품고 있었다. 그러나 천황에 대하여 직접적인 불만을 표시하지 못하고, 천황 측근들이 보필을 잘못하고 있다고 보았다. 군부는 이

상황을 '군측지간(君側之奸: 군주 측근의 간악한 신하)의 농간'으로 규정하였다. 특히 군부는 민정당의 구미 협조외교 노선에 불만을 가지고 있었다. 그리고 런던 해군군축조약은 이러한 협조외교의 결과물로서 군부의 불만의 대상이 되었다.

결국, 국가주의 단체를 중심으로 우익 내셔널리즘이 대두하였다. 기타 잇키(北一輝)·오카와 슈메이(大川周明) 등의 국수주의자들이 쇼와유신(昭和維新)을 부르짖으며 군부와 손을 잡게 되었다. 이들과 손잡은 군부의 중견 간부들이 3월과 10월에 정권을 뒤엎고 군부정권을 수립하고자 쿠데타를 계획하였다가 미수로 그친 사건이 발생하였다. 사회는 점점 불안 상태로 빠져들었다. 이들의 사상은 국수주의에 좌파 이론까지 흡수한 국가사회주의적 색채를 띠고 있었다. 민정당 정권은 군부의 불온한 움직임을 진정시키고 난국을 타개하기 위하여 야당인 정우회와의 연립내각 구성을 추진하였다. 그러나 핵심 정책인 협조외교 노선과 금본위제도의 유지를 주장하는 당내 강경파들의 반대로 연립내각 구상은 좌절되었다. 결국 내각 내의 의견 불일치로 와카쓰키 수상은 정권을 내던지고 말았다.

그 결과 1931년 12월 성립된 정권이 정우회의 이누카이 내각이다. 여야 정권교체가 일어난 것이다. 새 내각은 금의 수출금지를 단행하여 금본위제도를 다시 포기하였다. 그러나 이에 대한 국민의 기대는 낮았고, 이 과정에서 정당과 재벌이 유착하여 외환투기로 거대한 이득을 보는 부작용만 낳게 되었다. 이러한 정치적·사회적 부패에 대해 더 이상

와카쓰키 레이지로 　　　　　　이누카이 쯔요시

합법적인 방법으로는 해결할 수 없다는 과격한 생각이 대두하게 되었
다. 즉, 부패분자에 대한 테러를 통해 문제를 해결하고자 하는 집단이
생겨났다. 「혈맹단(血盟団)」은 1932년 2월에서 3월에 걸쳐 이노우에 전
대장대신, 단 타쿠마(団琢磨) 미쓰이(三井) 재벌 총수 등을 암살하였다.

　　이러한 배경 하에서 발생한 사건이 「5·15사건」이다. 정부의 결정이
나 방침을 무시하기 시작한 군부는 "우리에게 명령을 내릴 수 있는 사람
은 천황 폐하뿐"이라고 주장하며 나섰다. 정부로서도 이들을 저지할 수
있는 방법을 찾지 못하고 있었다. 정부뿐 아니라 군 지휘부도 젊은 장교
들의 과격한 주장과 행동을 통제하지 못하는 상태가 되었다. 군부의 불
만, 특히 해군의 불만은 이전의 민정당 와카쓰키 수상이 표적이었다고
할 수 있으나, 교체된 정권의 이누카이 수상이 군부의 총탄에 희생되고

말았다. 그러나 정치인 이누카이는 야당 시절 정부의 런던 해군군축조약을 '통수권 간범'이라고 맹렬히 비난하였다. 특히 군부가 민감하게 생각하는 천황의 통수권 문제를 정치문제화 함으로써 군부를 자극하였다. 그리고 3월의 만주국 건국을 앞두고는 천황의 도움을 얻어 만주국 승인을 회피하여 관동군을 억제해보려고 하였다. 그러나 결국 군에 대한 통제에 실패하고 말았다. 그렇게 보면 그의 죽음은 원했던 것은 아니었지만 군을 정치싸움에 끌어들인 업보였다고나 할까.

근대국가의 형성과 군부

여기에서 잠시 일본의 근대 역사를 간략히 살펴보자.

1868년 메이지(明治)유신으로 근대화를 시작한 일본의 최고 국가 목표는 부국강병이었다. 이를 추진하는 중심세력은 당연히 정부였고, 그 근간은 관료와 군대였다. 그러나 이 군대가 그 국가 내에서 어떠한 위치를 차지하며, 국민에게 어떻게 인식되고 있는가는 국가에 따라 또 시대에 따라 달라진다. 또한 그 군부집단이 추구하는 목표와 그 조직의 운영방식은 군부의 성격을 형성하는 중요한 요인이 된다.

일본의 군대가 정부 내에서 또한 국민들에게 자신들의 존재 가치를 처음으로 확실히 각인시켜준 것은 무엇보다도 청일전쟁이라고 할 수 있다. 일본이 근대화를 이룩한 후, 군사력을 총동원하여 국운을 걸고 벌인 최초의 대외전쟁이 청일전쟁이었다. 이 전쟁에서 오랫동안 동양의 중심 국가로서 군림해오던 청나라를 근대화한 일본이 꺾었다. 이는 일본 군대는 물론 일본 국민에게도 엄청난 자신감을 갖게 하였다. 이 청일전쟁에서의 승리를 계기로 일본은 동양의 패자라는 자부심을 갖게 된 것이다.

당시 일본의 내각은 이토 히로부미(伊藤博文)가 두 번째 수상으로 있을 때였다. 육군참모총장은 황족의 고마쓰노미야 아키히토(小松宮彰仁), 육군대신은 1885년 12월 내각제도가 출범했을 때부터 수개월을 제외하고는 계속해서 오야마 이와오(大山巖)였다. 일본은 1894년 9월 청일전쟁에 파병하기 위한 육군의 임시 편제로 제1군과 제2군을 창설하였다. 제1군사령관에는 육군을 만든 장본인인 야마가타 아리토모(山縣有朋) 추밀원(枢密院) 의장을, 제2군사령관에는 오야마 육군대신을 임명하였다. 야마가타는 이미 1889년 12월부터 1891년 5월까지 수상을 역임한 바 있다. 당시는 천황에게 헌법과 관련되는 법령·조약 등에 대한 자문을 담당하는 추밀원 의장이었다. 야마가타와 오야마는 당시 직책을 겸직한 채로 군사령관에 임명되었다. 일본의 전쟁에 임하는 비장함이 엿보이는 부분이다.

일본은 청일전쟁에서의 승리로 청나라로부터 막대한 배상금을 받아내었다. 당시의 금액을 현재의 화폐가치와 비교하기는 어려우나, 당시 일본 정부예산의 4배 이상이나 되는 금액이었다. 이 배상금은 일본의 부국강병에 크게 기여했다. 육군은 당시의 6개 사단을 13개 사단으로 증강할 수 있었고, 해군은 4척의 전함을 추가로 건조하였다.

그러나 아직 유럽 열강과 어깨를 나란히 하기에는 갈 길이 멀었다. 일본은 청나라로부터 타이완을 차지하였다. 그러나 할양하려 했던 랴오뚱(遼東)반도는 러시아가 독일과 프랑스를 끌어들여 일본에 압력을 가함으로써 포기할 수밖에 없었다. 이른바 「3국간섭」이다. 일본은 이 과정에서 아시아의 강국이 되었다는 우월감과 함께 유럽에 대한 열등감을 동시에 가지게 되었다. 청나라는 일본에 지불해야 할 배상금 조달을 위해 러시아로부터 차관을 제공받았다. 그 담보로 러시아에게 일본이 반환한 랴오뚱반도 남단의 뤼순(旅順)과 다롄(大連), 그리고 만주 지역의 철도부설권을 내주었다. 조선에서도 청일전쟁 기간 동안 일본의 위세에 눌려있던 조정이 민비를 중심으로 러시아·미국 등에 접근하여 일본과 거리를 두려 하였다. 그러자 일본은 을미사변을 일으켜 민비를 제거하고 조선에서 다시 세력 회복하였다. 그러나 이번에는 고종이 러시아 공사관으로 파천하는 등 불안한 정세가 계속되었다. 그 후 러시아군은 1900년의 의화단 사건을 계기로 랴오뚱반도 전역을 점령하였다. 일본도 점차 제국주의 대열에 참여하여 유럽 국가들과 각축을 벌였다. 특히 러시아와는 만주와 조선을 둘러싸고 긴장된 대립을 계속하였다.

청일전쟁으로부터 10년쯤 지났을 때, 일본의 제1차 가쓰라 타로(桂太郎) 내각은 러시아와의 갈등을 전쟁이라는 수단을 통하여 해결하겠다는 방법을 택했다. 이에 따라 1904년 6월 만주군 총사령부가 설치되었다. 총사령관에 오야마 육군참모총장이, 총참모장에는 고다마 겐타로(兒玉源太郎) 육군참모차장이 임명되었다. 오야마 후임의 육군참모총장에는 야마가타가 추밀원 고문을 겸직한 채로 임명되었다. 또다시 등장한 야마가타와 오야마는 1898년 1월 황족 고마쓰노미야와 함께 최초의 원수(元帥) 지위에 올라있었다. 만주군 총참모장에 임명된 고다마는 1898년 타이완 총독이 되었으나 현지에 부임하지 않고 본국의 요직을 겸직하고 있었다. 1900년 12월부터 1년 3개월간 육군대신을 역임한 바 있었고, 당시에는 가쓰라 내각의 내무대신을 맡고 있었다. 그러나 러시아와의 전쟁 계획을 수립하고 있던 육군참모차장이 병사하자, 1903년 10월 고다마는 오야마 참모총장의 요청을 받아들여 내무대신을 사직하고 참모차장을 맡았다. 이 인사는 일본 육군성의 강등인사를 당사자가

러일전쟁의 일본육군 수뇌부(2원수 6대장)

1905년 7월 26일 야마가타 참모총장이 펑톈(奉天)을 방문하였다. 왼쪽부터 제1군 사령관 구로키 타메모토(黑木為楨) 대장, 제4군 사령관 노즈 미치쓰라(野津道貫) 대장, 참모총장 야마가타 아리토모(山縣有朋) 원수, 만주군 총사령관 오야마 이와오(大山巖) 원수, 제2군 사령관 오쿠 야스카타(奧保鞏) 대장, 제3군 사령관 노기 마레스케(乃木希典) 대장, 만주군 총참모장 고다마 겐타로(兒玉源太郎) 대장, 압록강군 사령관 가와무라 카게아키(川村景明) 대장. 이 중 노즈, 오쿠, 가와무라 대장은 후일 원수 칭호를 받았다.

흔쾌히 받아들인 유일한 예로 기록되어 있다. 고다마는 그 다음 해 만주군의 창설과 함께 대장으로 진급하면서 만주군 총참모장이 되어 러일전쟁에 참전하였다. 전쟁에 임하는 군부의 진용이 내각의 면면보다 훨씬 상위였다. 수상 가쓰라는 야마가타 참모총장의 직계 부하였다.

　육군은 1904년 임시 편제로 만주군 예하에 제1군에서 제4군까지 편성하여 만주에 파병하였다. 다음 해에는 압록강군을 편성하여 한반도에 대비시켜 놓으면서 전쟁에 임했다. 이 만주군 예하의 제3군 사령관이 노기 마레스케(乃木希典) 대장이다. 1912년 메이지천황이 사망하자

장례식 날 부인과 함께 할복으로 순사(殉死)한 것으로 잘 알려진 장군이다. 노기는 두 아들이 있었는데 두 아들 모두 육군사관학교를 나온 장교로서 아버지와 함께 러일전쟁에 참전하여 둘 다 전사하였다. 장남은 13기로 중위였고, 차남은 15기로 1904년 2월 갓 임관한 소위였다.

당시 가쓰라 내각의 육군대신은 우리에게 잘 알려진 테라우치 마사타케(寺內正毅)가 맡고 있었다. 테라우치는 메이지유신 10년 후 발발한 세이난(西南)전쟁(사이고 타카모리(西鄉隆盛)가 메이지 정부에 불만을 품고 일으킨 전쟁) 때 부상을 입어 오른팔이 자유롭지 못하였기 때문에 군 지휘관으로 성공할 수 없었다. 테라우치는 이후 병참·교육 등 후방지원 분야에서 수완을 발휘하여 청일·러일전쟁을 승리로 이끄는데 중요한 역할을 하였다. 그는 1894년 6월 청일전쟁을 위해 설치된 대본영 운수통신부장관이 되어 병참지원의 최고책임자로 일했다. 또한 1902년 3월의 제1차 가쓰라 내각-제1차 사이온지 킨모치(西園寺公望) 내각-제2차 가쓰라 내각까지 9년 5개월간 최장수 육군대신을 역임하였다. 1910년 5월에는 육군대신을 겸직한 채로 한국 통감이 되었고 8월에는 초대 조선 총독이 되었다. 육군대신은 1911년 8월 제2차 사이온지 내각이 출범하면서 물러났다. 조선 총독을 마칠 무렵인 1916년 6월 원수가 되었고, 10월에는 일본 수상에까지 올랐다.

해군에서는 연합함대가 편성되고 도고 헤이하치로(東鄉平八郎)가 사령장관(사령관에 해당)에 임명되었다. 일본의 연합함대는 러시아의 발틱함대를 상대로 대승리를 거두었다.

러일전쟁이 일본의 승리로 끝나자 미국의 제26대 대통령 시어도어 루스벨트(Theodore Roosevelt)는 1905년 9월 일본과 러시아 사이의 포츠머스조약을 중재하였다. 이 조약에서 러시아군은 만주에서 철수하고, 일본은 러시아가 조차하고 있던 랴오뚱반도를 할양받았다. 거기다 러시아로부터 남만주철도 경영권을 양도받기로 하였다. 그러나 러시아로부터 배상금은 포기하였다. 이와 함께 일본은 한반도에서의 우월적 지위를 인정받고 을사조약 등을 통하여 한국 침략을 본격화하였다. 이로써 일본은 10년 전의 「3국간섭」의 '굴욕'을 만회하였고, 유럽 열강의 하나였던 러시아를 꺾음으로써 세계적으로 열강의 대열에 들어서게 되었다. 포츠머스조약을 중재한 루스벨트 대통령은 이 공로를 인정받아 1906년 미국인 최초로 노벨평화상을 수상하였다.

러일전쟁의 승리로 일본은 랴오뚱반도를 할양받아 그 지역에 관동주(関東州)를 설치하였다. 그리고 관동주와 남만주철도를 관리하기 위해 1905년 9월 관동총독부(関東総督府)를 설치하였다(1년 후 관동도독부(関東都督府)로 변경). 관동도독은 육군대장이나 중장으로 보임되며 관동주 주둔군사령관을 겸하여 강력한 권한을 갖게 되었다. 주둔군은 본국으로부터 파견되어 2년마다 교체되는 1개 사단 규모였으며, 이와 함께 남만주철도 경비를 위한 독립수비대 6개 대대가 만주에 주둔하게 되었다. 이 관동도독부가 1919년 민정부문은 관동청(関東庁)으로 개편되고, 군사부문은 관동군(関東軍)으로 분리되었다. 바로 그 관동군이 탄생한 것이다.

일본은 러일전쟁 후, 야마가타 추밀원의장의 주도로 「제국 국방방침」의 수립에 착수하였다. 실무를 담당한 사람은 러일전쟁 당시 만주군 작전주임으로써 고다마 총참모장을 보좌했던 육군참모본부 작전반장 다나카 기이치 중좌(중령에 해당)였다. 그는 후일 수상에까지 오른다. 국방방침의 골자는 지금까지의 '해주육종'(海主陸從: 해군이 중심이 되고 육군이 보조적 역할을 담당) 전략을 타파하기 위한 것이었다. 즉, 육군은 가상적국을 러시아(北)로 상정하고, 미국(南)을 가상적국으로 상정하고 있는 해군과 타협하여 남북병진 전략으로 전환을 시도하였다. 전략면에서 육군을 해군과 동등한 위치에 올려놓은 것이다. 이에 따라 육군 주도로 군비확장을 획책하여, 육군은 평시 25개 사단, 전시 50개 사단을 편성할 수 있도록 하였다. 해군은 전함과 순양함을 8척씩 보유하는 8·8함대를 목표로 설정하였다. 이 안은 1907년 4월 메이지천황의 재가를 받아 확정되었다. 가상적국을 설정하고 이에 대비하기 위한 국방방침을 설정한 결과, 군비확충은 국내의 내각·정당 등 여타 정치세력의 개입 없이 추진할 수 있게 되었다. 군부는 「국방방침」이라는 전가의 보도를 갖게 된 것이다. 이에 따라 육군은 러일전쟁 중인 1905년에 4개 사단을 증설하여 17개 사단이 되었고, 다시 2개 사단을 증설하여 19개 사단을 보유하게 되었다. 또한 육군성에 군비확충을 담당하는 병기국(兵器局)이 신설되었다.

　　그러나 그 후 국방방침은 계획대로 추진되지 못하였다. 국내 다른 정치세력들의 영향을 받지 않고 추진되리라 생각했던 국방방침은 역시 현실 정치의 벽에 부딪히게 되었다. 당시의 내각들이 재정재건을 이유로 군비확장에 소극적이었던 것이다. 특히 해군의 증강이 지연되었다. 1911년 8월에 출범한 제2차 사이온지 내각의 이시모토 신로쿠(石本新六) 육군대신은 죠슈(長州: 지금의 야마구치현(山口県))나 사쓰마(薩摩: 지금의 가고시마현(鹿児島県)) 출신이 아닌 최초의 육군대신이었다. 그는 육군의 주류가 강력히 요구하고 있던 식민지 조선에 주둔시킬 2개 사단 증설 계획에 소극적이었다. 그런 그가 1912년 4월 병사하자 후임 육군대신에 사쓰마 출신의 우에하라 유사쿠(上原勇作)가 임명되었다. 그는 육군 최고 실권자인 야마가타에게 사단 증설 문제를 성사시키겠다고 약속한 터였다. 그러나 사이온지 내각이 계속해서 소극적인 태도를 보이자 우에하라는 육군대신직을 사임해버렸다. 그리고 육군은 군부대신 현역무관제(軍部大臣現役武官制: 육·해군대신을 현역 장군 중에서 임명하는 제도)를 이용하여 육군의 현역 장군들에게 대신 취임 요청을 거부하도록 하였다. 결국 사이온지는 조각을 단념하고 총사직할 수밖에 없었다. 결국 이 문제는 우여곡절 끝에 제1차 세계대전 중인 1915년 5월 사단 증설이 결정되어 한반도에 일본군 2개 사단이 상주하게 되었다. 이로써 육군의 사단 수는 21개로 늘어났다.

한편, 제2차 사이온지 내각의 붕괴 이후 출범한 제3차 가쓰라 내각은 성립 직후 일어난 제1차 호헌(護憲)운동의 여파로 2개월만에 총사직하였다. 이에 따라 성립된 야마모토 곤베(山本権兵衛) 내각은 호헌운동의 영향을 받아 야마가타와 가쓰라 등 군부와 번벌(藩閥)의 반대에도 불구하고 군부대신현역무관제를 폐지하였다. 그러나 군부대신무관제는 유지되었다. 이는 군부대신을 현역 군인만이 아닌 예비역 장군 중에서도 임명할 수 있도록 한 제도였다. 하지만 이 제도는 1936년 「2·26사건」 이후 군부대신현역무관제가 부활되기까지 예비역 장군이 군부대신에 임명된 예는 없었다.

1914년 6월 발생한 사라예보 사건을 계기로 제1차 세계대전이 발발하였다. 영국은 영일(英日)동맹을 근거로 일본에게 아시아에서 자국 상선의 보호를 요청하였다. 이를 구실로 일본은 영국·프랑스·러시아의 3국협상국 측에 가담하였다. 그리고 8월 3국동맹국인 독일에 선전포고를 하였다. 이어 영국군과 함께 산뚱(山東)반도에 상륙하여, 독일의 조차지인 칭따오(靑島)를 공격하였다. 이 전투에서 일본은 육군 1개 사단과 해군 1개 함대를 파병하여 최초로 전투기를 동원한 공중전과 지상폭격을 감행하였다. 이 전투의 승리로 일본과 3국협상국은 독일이 점령하고 있던 태평양의 섬들을 할양받게 되었다. 특히 일본은 적도 이북의 마리아나 제도, 캐롤라인 제도, 마샬 제도의 독일령 섬들을 차지하게 됨으로써, 이에 대한 열강들의 경계와 견제를 받게 되었다. 마리아나 제도에 속한 사이판은 이때부터 1944년 7월 태평양전쟁에서 일본군이 옥쇄할 때까지 일본령이었다.

제1차 세계대전 중인 1915년 1월 제2차 오쿠마 시게노부(大隈重信) 내각의 가토 타카아키(加藤高明) 외무대신은 중국의 위안스카이(袁世凱) 정권에 대해 '21개조 요구'를 내놓았다. 독일이 가지고 있던 산뚱성의 권익을 일본에게 넘기고, 러일전쟁 이후 일본이 차지하고 있던 관동주와 남만주철도에 대한 권리를 99년간으로 연장할 것을 요구하였다. 일본은 중국에 대한 이권침탈을 노골화하였고, 중국은 일본의 강요에 굴복할 수밖에 없었다.

한편, 일본은 제1차 세계대전에 깊숙이 참전하지는 않았지만, 많은 중견 장교들이 유럽 전선에 파견되어 전쟁 양상을 관찰하는 기회를 가질 수 있었다. 제1차 세계대전은 지금까지의 전쟁과는 확연히 다른 양상을 보여주었다. 신병기 특히 탱크·비행기·기관총·독가스 등이 개발되어 전쟁의 기술이 획기적으로 변화되었음은 물론 전술의 진보도 놀랍게 발전하였다. 이를 현장에서 직접 목격한 중견 장교들과 그렇지 못한 장군들 사이에 국방 및 전쟁에 대한 인식의 차이가 발생하게 되었다. 한편, 세계대전은 국방방침에도 변화를 가져와 육군은 1917~18년에 걸쳐 총동원체제에 대한 정비를 진행하였고, '총동원' 의식은 육군의 기본적 정신이 되었다.

군대의 제도화

여기에서 일본의 근대화와 함께 군대의 성장 과정을 살펴보기로 한다. 메이지유신의 결과로 당시까지의 지배계급이던 무사들은 모두 신분 및 직업을 잃게 되었다. 이들을 사족(士族)이라 불렀으나, 이들의 불만은 메이지 정부의 커다란 과제였다.

한편, 죠슈번(長州藩)의 촌의(村医: 시골 의사) 출신인 오무라 마스지로(大村益次郎)는 일찍이 의학과 난학(蘭学: 네덜란드의 서양학문)을 공부한 사람이었다. 그는 1853년 미국의 페리 제독이 함대를 이끌고 내항한 이후부터 그들과 접촉하며 군함 등 신무기에 관심을 가지고 서양의 병학 서적을 번역하였다. 그 후 죠슈번의 무사가 되었고, 유신 후에는 메이지 정부의 군사책임자가 되었다. 그리고 메이지유신 다음해인 1869년 7월 병부대보(兵部大輔: 국방부 차관에 해당)가 되어 새 정부의 군대 창설을 주도하였다. 유신 직후 교토(京都)에 설치되었던 병학교(兵学校)를 오사카(大阪)로 이전하여 병학료(兵学寮)로 개편하고, 프랑스 교관을 초빙하여 프랑스군을 모델로 새로운 군대 창설에 착수하였다. 그러나 9월 자객의 습격을 받고 2개월 후 사망하였다. 그의 동상이 오늘날 우리나라에서 일본 정치인들의 참배로 문제가 되고 있는 야스쿠니(靖国)신사 중앙에 세워져 있다. 일본 군대 창설의 아버지이다.

오무라가 추진하던 새로운 근대식 군대의 창설 작업을 이어받아 완성시킨 사람이 바로 같은 죠슈 출신의 야마가타 아리토모이다. 1871년 천황의 친위병으로서 죠슈·사쓰마 등의 무사를 중심으로 하여 프랑스식의 군대가 창설되었다. 오무라가 설립한 병학료는 1871년에 육군병학료로 개칭되었고 1872년에 도쿄로 이전하였다. 다음 해 1월에 징병제가 실시되어 사족들을 군대로 흡수할 수 있었다. 그러나 표면적으로는 사족의 군대를 부정하고 전 국민의 군대를 표방하면서 사족들을 장교로 흡수한 것이다. 이에 따라 1874년 육군병학료를 육군사관학교로 개칭하고 이듬해 2월부터 생도를 모집하기 시작하였다. 이렇게 프랑스식 사관학교로 출발한 일본 육군사관학교 재학생을 '사관생도'로 불렀고, 제1기생은 1877년 하반기에 117명이 소위로 임관하였다. 이 사관학교에서 1889년 7월에 임관한 제11기까지 1285명을 배출하였다. 각 기별 졸업자 수는 적게는 60명 전후에서 많은 기수는 207명까지 되었다.

이 프랑스식 사관학교는 나폴레옹전쟁 이후 프랑스에서 신분제적 장교가 사라지자, 부유한 관료나 부르조아 계급으로부터 고학력의 자제를 장교로 선발하여 교육하던 기관이었다. 장교 후보생을 '거칠은 사병이나 하사관'들과 격리시켜 엘리트 장교로 육성한다는 제도였다. 삐딱하게 말하면 사병이나 하사관들과는 '출신성분'이 근본적으로 다르고 '선민의식'을 가진 장교를 육성하는 제도였다. 그러나 이러한 제도는 일본에 적합하지 않았다. 상황이 프랑스와 달랐기 때문이다. 메이지유신 이후 몰락한 사족의 자제들은 제대로 교육받지도 못하였을 뿐 아니라 일반 사병이나 하사관으로서의 경험이 전무하였다. 이런 사람들을 3년 정도 교육하여 장교로 부대에 배치하니 환경에 적응하지 못하고 중도에서 군을 나오는 경우가 속출하였다.

이에 따라 11기생이 입교한 다음 해인 1887년 사관학교를 프로이센식 제도로 전환하여 1889년부터 새로이 제1기생을 모집하였다. 이 새로운 제도에 따른 사관학교 재학생을 '사관후보생'으로 불렀고, 기수는 새로이 1기부터 시작했다. 따라서 이전 사관학교 출신을 구(舊)○기로 부른다.

1886년에는 육군유년(幼年)학교가 설립되어 사관학교 이전 단계의 교육기관이 생겨났다. 유년학교는 중학교 3년을 마친 학생들이 입교하여 3년간 교육받은 후, 사관학교에 입교하는 장교 조기교육 기관이었다. 청일전쟁 이후인 1896년에 유년학교 제도를 개편하여 육군지방유년학교와 육군중앙유년학교로 분리하였다. 유년학교 지원자는 중학교 1~2학년 때 전국 6개 도시에 설치된 지방유년학교에 입교하여 3년간 교육을 받은 후, 모두 도쿄의 중앙유년학교에서 2년간 교육을 받고 사관학교에 입교하도록 하였다. 그러나 사관학교에 입교하는 학생이 모두 지방유년학교-중앙유년학교 출신자는 아니었고, 일반 중학교(6년제)를 졸업하고 사관학교에 입교하는 경우도 있었다.

프로이센식의 사관학교는 중앙유년학교 출신자와 일반 중학교 졸업자의 교육과정이 달랐다. 일반 중학교 졸업자는 사관학교 입교가 결정되면 지정된 연대나 대대에 일등병으로 입대하여 1년간 복무를 한 뒤 사관학교에 입교하였다. 반면에 중앙유년학교 출신자는 중학교 졸업자들이 사병으로 6개월 정도 복무하여 상등병으로 진급해 있을 무렵, 지정된 부대에 같은 상등병으로 입대한다. 그리고 일반 중학교 졸업자와 함께 6개월간 복무하고 난 뒤 같이 사관학교에 입교하였다. 사관학교에 입교할 때의 계급은 군조(軍曹: 중사에 해당)이다. 사관학교의 교육기간은 1년 6개월 전후였다. 졸업 후 약 6개월의 견습사관을 거쳐 소위로 임관되었다. 견습사관 때의 계급이 조장(曹長: 상사에 해당)이다. 프로이센식의 사관학교 제도는 장교가 될 사관후보생들에게 비록 짧은 기간이나마 사병 및 하사관 생활을 실제로 경험시킨다는데 있었다. 사병·하사관들과 함께 내무반 생활을 하며 군대 생활에 있어서 그들의 어려운 사정을 실제로 체득하고 이해할 수 있는 장교를 육성하는 것이 사관학교 교육제도 전환의 목적이었다. 지방-중앙 유년학교로 나뉘어 교육받고 사관학교를 졸업한 기수는 1903년 11월에 졸업하여 1904년 2월에 임관한 15기부터이다(러일전쟁 기간 중이라 견습사관 기간이 단축됨).

1920년에는 중앙유년학교가 육군사관학교 예과로, 종전의 육군사관학교는 육군사관학교 본과로 개편되었다. 이후부터는 중학교를 졸업한 뒤 사관학교 본과만 다니고 장교로 임관하는 것이 불가능하게 되었다. 장교가 되고자 하는 사람은 중학교를 중퇴하고 사관학교 예과부터 교육받아야만 했다. 이 새로운 제도를 적용받아 임관한 기수가 1925년 10월에 임관한 37기이다.

이렇게 지방유년학교를 나와 사관학교를 거쳐, 뒤에서 설명하는 육군대학교를 졸업한 사람이 일본 육군장교 중에서 '성골'(聖骨)에 해당한다.

해군에 있어서는 1869년 도쿄에 세워진 해군조련소(海軍操練所)를 전신으로 하여, 1870년 해군병학료(海軍兵学寮)가 설립되었다. 그 해 10월에 제1기생 2명이 입교하여 1873년 11월에 해군소위로 임관하였다. 그후 1876년에 해군병학교(海軍兵学校)로 개칭되어 1945년 3월에 74기가 졸업·임관하였고 78기생에 해당하는 기수까지 재학하고 있었다. 해군장교들은 '해병(海兵: 해군병학교의 약칭) ○기'로 부른다. 한국의 '귀신잡는 해병대'와는 다른 '해군'이다. 해군병학교는 1888년 히로시마현(広島県) 에타지마(江田島)로 이전하여 패전 때까지 그곳에 있었다. '에타지마'는 해군병학교의 대명사로 통용되었다.

일본군 장교의 계급은 소위-중위-대위의 위관급 장교, 우리나라의 영관급에 해당하는 소좌-중좌-대좌의 좌관(佐官)급 장교, 그리고 소장-중장-대장의 장관(将官)급 장교로 구성된다. 장관급 장교를 통칭 장군으로도 부르지만, '장군'이라면 일반적으로 과거 막부(幕府)의 최고 권력자를 의미하는 '쇼군'(将軍)과 혼동되어 잘 사용하지 않는다. '장성(将星)'이라는 단어는 거의 존재하지 않는다. 일본 육군의 계급장의 모양은 모두 별이기 때문이다. 해군은 벚꽃 모양이다. 위관-좌관-장관의 구별은 계급장 받침의 금색 선으로 구별된다.

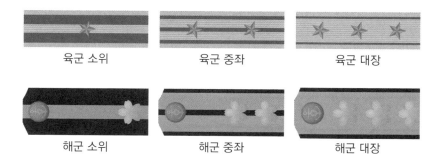

육군 소위	육군 중좌	육군 대장
해군 소위	해군 중좌	해군 대장

육군의 편제는 평시에는 사단이 최상위 부대이다. 1개 사단은 2개 여단으로 구성되고, 1개 여단은 2개 연대로 구성되어 1개 사단은 4개 연대를 보유한다. 연대장은 대좌, 여단장은 소장, 사단장은 중장으로 보임된다. 대장은 참모총장·육군대신·교육총감의 육군 3장관직과 조선군사령관·관동군사령관 등 사단 상위의 보직에 임명된다.

죠슈와 사쓰마

앞에서 살펴본 과정을 거쳐 형성된 일본의 군부는 메이지유신을 주도한 중심세력인 죠슈(長州)와 사쓰마(薩摩) 출신이 중심을 이루었다.

메이지유신을 추진하는 세력과 이에 반발하여 막부를 지지하는 세력들이 싸운 보신(戊辰)전쟁(1868-1869년)이 끝난 뒤, 1871년에 메이지 정부의 군대가 창설되고 계급이 제정되었다. 이후 메이지 시대의 마지막 해인 메이지 45년(1912년)까지 대장에 오른 사람은 육군 26명, 해군 14명이다(표 참조). 여기에서 메이지유신 직후인 1873년에 육군대장에 오른 사이고 타카모리나 1877년 대장이 되어 1889년 초대 육군 참모총장에 오른 황족 아리스가와노미야 타루히토(有栖川宮熾仁), 그리고 그 외의 황족 대장은 제외하였다. 황족이 아닌 육·해군대장 40명은 1830년대 후반에서 1850년대 중반 사이에 출생한 사람들로 육군사관학교나 해군병학교 교육을 받은 사람은 해군에서 2~5기 사이의 6명밖에 없다. 이들은 보신전쟁이나 세이난전쟁에 참여했던 무사 출신들이 대부분이다. 이들은 1871년 군대가 만들어지고 약 20년 후인 1890년부터 대장에 진급하게 된다. 이들 중 일부는 원수에 올랐다. 일본 군대에서 원수는 계급이 아니라 육·해군대장에게 부여하는 '칭호'이다. 대장 계급장을 달고

원수 휘장

가슴에 원수 휘장(뱃지)을 단다. 따라서 공식 호칭은 '원수 육(해)군대장 ○○○○'이다. 원수에 오른 사람은 육군에서 17명, 해군에서 13명밖에 없다. 이 중에는 황족이 육군에 5명, 해군에 3명 포함되어 있다.

메이지 시대의 육군대장

이름		출신지	생년	최초 계급	대장	원수
야마가타 아리토모	山縣 有朋	야마구치(山口)	1838	1872 중장	1890. 6	1890. 6
오야마 이와오	大山 巌	가고시마(鹿児島)	1842	1871 대좌	1891. 5	1898. 1
노즈 미치쓰라	野津 道貫	가고시마(鹿児島)	1841	1871 소좌	1895. 3	1906. 1
사쿠마 사마타	佐久間 左馬太	야마구치(山口)	1844	1872 대위	1898. 9	
가와카미 소로쿠	川上 操六	가고시마(鹿児島)	1848	1871 중위	1898. 9	
가쓰라 타로	桂 太郎	야마구치(山口)	1848	1874 대위	1898. 9	
구로키 타메모토	黒木 為楨	가고시마(鹿児島)	1844	1871 대위	1903.11	
오쿠 야스카타	奥 保鞏	후쿠오카(福岡)	1847	1871 대위	1903.11	1911.10
야마구치 모토오미	山口 素臣	야마구치(山口)	1846	1871 소위	1904. 3	
오카자와 쿠와시	岡沢 精	야마구치(山口)	1844	1871 중위	1904. 6	
하세가와 요시미치	長谷川 好道	야마구치(山口)	1850	1871 소위	1904. 6	1914. 1
니시 칸지로	西 寛二郎	가고시마(鹿児島)	1846	1871 중위	1904. 6	
고다마 겐타로	児玉 源太郎	야마구치(山口)	1852	1871 소위	1904. 6	
노기 마레스케	乃木 希典	야마구치(山口)	1849	1871 소좌	1904. 6	
오가와 마타지	小川 又次	후쿠오카(福岡)	1848	1872 소위	1905. 1	
가와무라 카게아키	川村 景明	가고시마(鹿児島)	1850	1872 소위	1905. 1	1914. 1
오시마 요시마사	大島 義昌	야마구치(山口)	1850	1871 소위	1905.10	
오시마 히사나오	大島 久直	아키타(秋田)	1848	1871 중위	1906. 5	
오사코 나오하루	大迫 尚敏	가고시마(鹿児島)	1844	1871 소위	1906. 5	
다쓰미 나오후미	立見 尚文	미에(三重)	1845	1877 소좌	1906. 5	
테라우치 마사타케	寺内 正毅	야마구치(山口)	1852	1871 소위	1906.11	1916. 6
이노우에 히카루	井上 光	야마구치(山口)	1851	1871 대위	1908. 8	
오쿠보 하루노	大久保 春野	시즈오카(静岡)	1846	1877 소좌	1908. 8	

이름		출신지	생년	최초 계급	대장	원수
츠치야 미쓰하루	土屋 光春	아이치(愛知)	1848	1872 소위	1910. 8	
사메시마 시게오	鮫島 重雄	가고시마(鹿児島)	1849	1875 소위	1911. 9	
우에다 아리사와	上田 有沢	도쿠시마(徳島)	1850	1872 대위	1912. 2	

(황족 3명 제외)

메이지 시대의 해군대장

이름		출신지	생년	최초 계급	대장	원수
사이고 쥬도	西郷 従道	가고시마(鹿児島)	1843	1871 소장	1894.10	1898.1
가바야마 스케노리	樺山 資紀	가고시마(鹿児島)	1837	1871 소좌	1895. 5	
이토 스케유키	伊東 祐亨	가고시마(鹿児島)	1843	1871 대위	1898. 9	1906. 1
이노우에 요시카	井上 良馨	가고시마(鹿児島)	1845	1871 중위	1901.12	1911.10
도고 헤이하치로	東郷 平八郎	가고시마(鹿児島)	1848	1878 중위	1904. 6	1913. 4
야마모토 곤베	山本 権兵衛(2)	가고시마(鹿児島)	1852	1877 소위	1904. 6	
가와무라 스미요시	川村 純義	가고시마(鹿児島)	1836	1872 소장	1904. 8	
시바야마 야하치	柴山 矢八	가고시마(鹿児島)	1850	1874 중위	1905.11	
사메시마 카즈노리	鮫島 員規	가고시마(鹿児島)	1845	1871 소위	1905.11	
히다카 소노죠	日高 壮之丞(2)	가고시마(鹿児島)	1848	1877 소위	1908. 8	
이쥬인 고로	伊集院 五郎(5)	가고시마(鹿児島)	1852	1883 중위	1910.12	1915. 5
가타오카 시치로	片岡 七郎(3)	가고시마(鹿児島)	1854	1878 소위	1910.12	
우에무라 히코노죠	上村 彦之丞(4)	가고시마(鹿児島)	1849	1879 소위	1910.12	
데와 시게토	出羽 重遠(5)	후쿠시마(福島)	1856	1880 소위	1912. 7	

* 이름 뒤의 ( ) 안의 숫자는 해군병학교 기수.(황족 1명 제외)

이들의 출신 지역을 보면, 육군의 경우 26명의 대장 중 야마구치현 (죠슈) 출신이 11명, 가고시마현(사쓰마) 출신이 8명으로 야마구치와 가 고시마현 출신이 압도적 다수를 차지하고 있다. 해군의 경우는 1명을 제외하고는 13명이 모두 가고시마현 출신이다. 따라서 육군에서는 야

야마가타 아리토모   오야마 이와오

왼쪽에 달고 있는 것이 원수 휘장이다.(오른쪽 큰 것은 훈장)

마구치 출신과 가고시마 출신이 각각 파벌을 형성하였고, 야마가타와 오야마가 각 파벌의 우두머리였다.

    육군에서는 야마가타를 중심으로 하는 죠슈벌(閥)이 형성되어 가쓰라·하세가와·고다마·테라우치 등이 주축을 형성해 나갔다. 오야마를 중심으로 한 사쓰마벌(閥)은 노즈·가와카미·니시 등이 주축이 되었다. 해군 최초의 대장인 사이고 쥬도는 사이고 타카모리의 동생으로 1871년에 육군소장, 1874년에는 육군중장이 되었다. 1877년의 세이난전쟁에서는 정부군을 이끌고 형 타카모리의 정벌에 나섰고, 메이지 정부 내에서 사쓰마벌의 중심이 되었다. 이후 메이지 정부의 참의(參議)와 육군경(陸軍卿) 및 해군경(海軍卿)을 역임하였다. 1885년 내각제도의 발족으로 성립된 이토 히로부미(伊藤博文) 내각에서 육군중장 계급으로 해군대신이 되었다. 그 후 1894년에 해군대장이 되어 일본 해군의 최고 지위에 올랐고, 해군의 상징적 존재가 되었다. 사쓰마에서는 육군의 오야마, 해군의 사이고라고 불리우고 있다. 사쓰마 육군의 중심인 오야마는 이토 내각에서 육군대신을 맡아, 최초 내각의 육군대신과 해군대신이 모두 사쓰마 출신이었다. 죠슈 출신의 야마가타는 최초의 내각에서 내무대신이 되어 내정의 중심을 맡았다.

이후 죠슈와 사쓰마 출신의 장교들은 군부 내의 요직을 거의 독점하였다. 해군은 사쓰마 출신들의 세상이었다. 물론 이에 대한 불만과 반발도 서서히 생겨나기 시작했다. 그러나 죠슈와 사쓰마 출신들의 독주는 1920년대 후반까지 지속되었다. 야마가타는 1922년에 84세로 사망하기까지 죠슈벌의 원로로서 일본 정치와 군에 막강한 영향력을 지니고 있었다. 야마가타 이후 죠슈벌을 계승한 사람이 구(舊)8기 출신의 다나카 기이치(田中義一)이다.

한편 육군 사쓰마벌의 우두머리였던 오야마는 1916년 74세로 사망하였고, 그 뒤를 이은 사람이 우에하라 유사쿠(上原勇作, 구3기)이다. 우에하라는 가고시마현 동북부의 미야자키현(宮崎県) 출신이나 그의 출신지는 과거에 사쓰마번(薩摩藩)에 속한 지역이었다. 우에하라는 1912

년 4월 제2차 사이온지 내각에서 육군대신, 1914년 4월 육군교육총감, 1915년 12월 육군참모총장을 역임하였다. 위의 세 직책은 '육군 3장관'으로 불리는 자리로 육군의 최고 수뇌부에 해당한다. 이 3자리를 모두 역임한 사람은 우에하라와 1930년대 후반부터 1940년대 초반에 걸쳐 3자리를 역임한 스기야마 하지메(杉山元) 2명뿐이다. 이들 모두 원수에 올랐다.

국방충실화 계획의 좌절과 군축

1915년 12월에 육군참모총장에 오른 사쓰마벌의 우에하라는 1923년 3월까지 7년이 넘게 재임하고 물러났다. 1921년 참모총장 재임 중 원수에 올라 종신 현역이 된 그는 물러난 뒤에도 여전히 군부에 대한 영향력을 유지하였다. 그 후임은 오이타현(大分県) 출신의 가와이 미사오(河合操, 구8기)였다.

죠슈벌의 마지막 우두머리인 다나카(田中義一)가 1918년 9월 하라 타카시(原敬) 내각의 육군대신이 되었을 때, 우에하라는 육군참모총장 재임 3년째였다. 다나카는 육군대신이 되기 전 우에하라 밑에서 참모차장으로 있었다. 다나카 참모차장은 10년 전 자신이 육군참모본부 작전반장으로 있을 때 작성에 참여했던 「국방방침」을 수정하여 총동원 체제의 정비를 중심으로 하는 국방충실화 계획을 수립하였다. 이 작업에 함께 참여한 사람이 당시 참모본부 제1부장(작전 담당) 우가키 카즈시게(宇垣一成, 1기) 소장, 참모본부 소속 장교 고이소 쿠니아키(小磯国昭, 12기) 소좌였다. 죠슈벌의 원로 야마가타의 의향을 수용하여 군비를 확충함은 물론, 제1차 세계대전의 영향을 받아 지구전(持久戰)을 위한 자원확보 문제가 주요 과제였다. 또한 기존의 미국과 러시아를 가상적국으로 상정한 남북병진 정책에 중국 본토에의 진출을 추가하여 국가전략의 대상을 동아시아 전역으로 확대시켰다.

그러나 정당정치가인 하라 수상은 제1차 대전 종료 후의 군축 분위

다나카 기이치   우에하라 유사쿠

기를 이용하여 군부가 전가의 보도로 여기는 「국방방침」에 따른 국방충실화 계획에 소극적이었다. 천황의 재가를 얻은 「국방방침」이 현실 정치의 벽에 부딪힌 것이다. 거기에다 1921년 6월 다나카 육군대신이 건강 악화로 사임하고, 후임에 다나카와 육사 동기(구8기)인 야마나시 한조(山梨半造)가 임명되었다. 가나가와현(神奈川県) 출신으로 육군 내에서 비주류에 속하는 그는 우에하라 등의 참모본부 세력들의 지원을 얻어가며 군축을 추진하였다. 참모본부 세력들과 죠슈벌 사이에 틈이 생기기 시작한 것을 이용한 것이었다. 사쓰마벌의 우두머리 우에하라는 「국방방침」에 있어서 다나카와 다른 생각을 가지고 있었다. 국방충실화를 통하여 총력전에 대비하는 것보다, 전쟁이 일어나면 개전 초반에 단기결전으로 전쟁목적을 달성하는 것이 효과적이라고 생각하였다. 따라

서 장기전에 대비할 필요가 없다고 본 것이다. 즉, 국방정책 전반이나 군대의 기본 체제를 크게 바꿀 필요가 없다는 현상유지적인 생각이었다.

야마나시는 이후의 내각에서도 계속 육군대신에 유임되어 2년여 재임하였다. 그 기간 동안 우에하라 등의 의향을 수용하여 다나카가 추진하던 국방충실화 계획을 후퇴시키면서, 1922~23년 사이에 약 6만명의 인원을 감축시키는 군축을 단행하였다. 이렇게 하여 절약된 예산으로 신병기를 구입하여 군을 근대화시킨다는 계획이었다. 그러나 사단과 장군의 숫자에는 변화가 없었고 감축 인원 중에는 문관들이 포함되어 있었다. 폐지된 부대들도 그다지 중요한 의미를 갖는 조직들은 아니었다. 해군에서도 1921년 11월에 워싱턴 해군군축회의가 열렸다. 가토 토모사부로(加藤友三郎) 해군대신이 일본의 수석전권위원으로 참석하였다. 일본은 영일동맹을 폐기하고 중국의 영토와 주권을 존중한다는 조약에 서명하였다. 이에 따라 산뚱성의 권익을 중국에 반환하고, 군함의 보유 비율을 미국과 영국의 5에 대하여 일본은 3으로 제한하는 조약이 체결되었다. 중국에 대한 일본의 군사적 팽창을 억제한 것이었다. 이에 따라 일본은 주력함 14척을 감축하였다. 어쨌든 일본은 1920년대 후반까지 이러한 국제협조 노선을 적극적으로 수용해 나갔다. 그러나 1923년 9월에 발생한 관동대지진으로 야마나시의 군축을 통한 군 근대화 계획은 물건너가고 말았다.

다나카는 육군대신 사임 후 2년 3개월만인 1923년 9월 관동대지진 직후 성립된 제2차 야마모토(山本權兵衛) 내각의 육군대신으로 복귀하

였다. 야마모토도 10년만에 수상에 복귀한 것이다. 그러나 4개월 뒤인 12월, 천황을 대신하여 섭정을 하고 있던 황태자(후일의 쇼와(昭和)천황)가 국회 개원식에 참석하기 위해 자동차로 도쿄의 토라노몬(虎ノ門)이라는 곳을 지나갈 때 사회주의자 청년이 저격하는 사건이 발생하였다. 황태자는 무사했으나 동승하고 있던 시종장이 경상을 입었다. 이 사건으로 야마모토 수상은 집권 4개월만에 사임하였다.

이듬해인 1924년 1월 성립된 기요우라 케이고(淸浦奎吾) 내각의 육군대신 인사를 둘러싸고 우에하라와 다나카의 대립이 표면화되었다. 우에하라는 자신의 파벌인 전 참모차장 후쿠다 마사타로(福田雅太郞, 구 9기, 나가사키현(長崎県) 출신)를 밀었다. 물러나는 육군대신 다나카는 오카야마현(岡山県) 출신의 육사 1기 우가키를 밀었다. 결국 다나카가 승리하여 우가키가 육군대신이 되고 후쿠다는 이듬해 5월에 예편하고 말았다. 이 사건이 쇼와 육군의 파벌 대립, 죠슈벌(다나카)과 사쓰마벌(우에하라)의 대립의 발단이다.

기요우라 내각은 5개월 만에 무너졌지만 우가키 육군대신은 호헌 3파를 기반으로 한 헌정회(憲政会)의 가토 타카아키(加藤高明) 내각에서도 유임되었다. 가토 내각은 대(對) 중국 정책에 있어서 국제협조 노선을 유지하였다. 단, 만주와 몽고에서의 일본의 권익은 유지하되 중국에 대한 직접적인 군사 개입은 지양하는 자세를 취하였다. 이 시기의 국제협조 외교를 당시 외무대신이었던 시데하라 키쥬로(幣原喜重郞)의 이름을 따서 '시데하라 외교'라고 부른다. 우가키 육군대신도 이러한 정책

노선에 보조를 맞추어 나갔다. 아울러 육군의 장비 근대화 재원을 마련하기 위해 1925년 4개 사단과 장병 34000명을 감축하는 군축을 감행하였다. 이는 2년 전의 야마나시 육군대신 때의 군축보다 실질적인 면에서 훨씬 규모가 큰 군축이었다. 4개 사단을 폐지시킴으로써 장군을 포함한 많은 장교가 한꺼번에 예편하게 되었다. 야마나시와 우가키 육군대신이 주도한 군축으로 10만명의 장병이 감축되었다. 이 숫자는 평상시 병력의 3분의 1에 해당한다. 이에 대해 우에하라를 중심으로 하는 현상유지파가 크게 반발하였다.

집권당인 헌정회는 우가키 육군대신과 제휴하여 취약했던 군부에의 기반 강화를 꾀하였다. 한편, 가토 내각은 같은 호헌3파이지만 경쟁 대상이었던 정우회(政友会)가 중시하는 공공사업 예산을 대폭 삭감하면서 군비 근대화에 협력하였다. 그러나 여러 가지 현실적인 문제로 군비 근대화 계획은 지지부진하였다. 결국은 군축을 통한 국방충실화 계획은 제1차 세계대전 이후의 군축 무드 속에서 군비 근대화는 실종되고 군축만 실시되는 결과를 낳고 말았다.

군축은 육군사관학교와 해군병학교 모집 정원에도 영향을 미쳤다. 육·해군 각각 100명 내외의 정원이 줄었다. 특히 해군은 1921년 워싱턴 해군군축의 영향으로 1922, 23년 두 해의 해군병학교 모집 정원이 230명대에서 60명대로 감축되었다. 「5·15사건」을 일으킨 해군장교의 대부분이 모집 정원이 급격히 감축된 53기 이후의 입교자들이었다. 따라서 이들에게 1930년의 런던 해군군축조약의 체결은 또 한번의 악몽

육군사관학교의 임관자 수		
입교년도	기수	임관자
1921	35기	315
1922	36기	330
1923	37기	302
1924	38기	340
1925	39기	292
1926	40기	225
1927	41기	239
1928	42기	218
1929	43기	227

해군병학교 임관자의 수		
입교년도	기수	임관자
1921	52기	236
1922	53기	62
1923	54기	68
1924	55기	120
1925	56기	111
1926	57기	122
1927	58기	113
1928	59기	123
1929	60기	127

으로 느껴졌을 것이다.

한편 정우회는 전 육군대신 다나카 기이치를 총재로 영입하고, 야당인 정우본당(政友本党)과 제휴하여 정권 복귀를 꾀하고 있었다. 정우회는 관동대지진 이후의 불황탈출책으로 만주와 몽고에서의 일본의 권익 확대 노선을 내걸고 호헌3파에서 이탈하였다. 가토 내각은 헌정회 단독으로 내각을 개조하며 버티기에 나섰다. 그러나 1926년 1월 가토 수상이 폐렴으로 사망하자, 같은 당의 와카쓰키 레이지로가 수상을 이어 받았다. 그해 12월 다이쇼천황이 사망하고 쇼와 시대가 시작되었다. 그러나 1927년 3월 시작된 쇼와금융공황으로 와카쓰키 내각은 1년 2개월만에 붕괴하였다. 드디어 1927년 4월, 정권 복귀를 노리던 정우회의 다나카 기이치 내각이 출범하였다.

다나카 내각의 육군대신에는 우가키와 동기인 육사 1기의 시라카와 요시노리(白川義則) 대장이 임명되었다. 시라카와는 1922년 10월부터 야마나시 육군대신 밑에서 육군차관이 되어, 이듬해 9월 다나카가 야마모토 내각의 육군대신으로 복귀했을 때까지 재임하였다. 그후 1개월 뒤에 관동군 사령관이 되었고, 재임 중에 대장으로 진급하였다. 2년 9개월간 관동군 사령관으로 있다가 귀국하여 1926년 7월 군사참의관이 된지 9개월만에 육군대신이 된 것이다.

약 2년 후인 1928년 6월 만주군벌의 우두머리 장쭤린 폭살사건이 발발하였다. 이에 대하여 다나카 수상은 천황에게 관동군의 관여 사실을 인정하였고, "관계자를 군법회의에 회부하여 엄벌에 처하겠다"고 보고하였다. 그러나 수상의 보고는 육군과 일부 각료의 강한 반발에 부딪혔다. 시라카와 육군대신은 장쭤린 폭살사건에 관련하여 3차례나 천황에게 "관동군에게 큰 과실은 없음"을 보고하였다. 수상과 육군대신의 보고 내용이 달랐던 것이다. 결국, 이듬해 6월 다나카 수상도 육군대신과 같은 내용을 천황에게 다시 보고함으로서 천황에게 이전의 보고 내용을 번복하는 상황이 벌어졌다. 이에 대해 쇼와천황이 다나카 수상에게 화를 내었다. 천황은 좀처럼 감정을 밖으로 나타내지 않는다. 결국 이 사태로 7월 초 다나카 수상은 퇴진하고 말았으나, 관련자들은 군법회의에 회부되지 않고 처리되었다. 육군대신 출신의 수상이 군부 강경파에게 휘둘림을 당하는 사태가 일어난 것이다. 게다가 천황으로부터 질책을 당한 충격이 컸는지, 다나카는 수상 퇴진 후 2개월여 뒤인 9월 29일 급성 협심증으로 사망하였다. 65세였다.

우가키벌과 사가벌

1922년 2월 야마가타 아리토모가 84세로 사망하였다. 메이지유신 이후 일본 군부에서 최고의 영향력을 가지고 군림해왔던 인물이 사라진 것이다. 이와 함께 그가 형성해놓은 군벌이라는 권력 주체에도 질적 변화가 일어나기 시작했다. 1920년대 초·중반에 걸쳐 육군 내의 죠슈벌과 사쓰마벌에 변화가 나타났다. 각 파벌의 우두머리였던 다나카와 우에하라가 일선에서 물러나며 세대교체가 이루어졌다. 두 파벌은 더 이상 동향 출신만의 집단이 아니었고, 파벌의 우두머리도 특정 지역 출신이 계승하지 않게 되었다. 다나카 이후의 죠슈벌은 오카야마현(岡山県) 출신의 우가키 카즈시게(1기) 육군대신이, 우에하라 이후의 사쓰마벌은 사가현(佐賀県) 출신의 무토 노부요시(武藤信義, 3기) 참모차장이 각각 계승하였다.

우가키는 1924년 1월 기요우라 내각의 육군대신이 된 이후 가토-와카쓰키 내각까지 3년 4개월간 재임하였다. 그는 지연 중심의 파벌을 형성하지 않고 전군에서 우수한 인재를 모아 우가키벌(宇垣閥)을 만들어 나갔다. 그 구성원은 일선 부대장인 연대장·사단장을 각각 1년 정도 경험하고 육군성·참모본부·교육총감부의 요직을 역임한 장교들이 대부분이었다. 이들 우가키벌은 1920년대 육군의 주요 보직을 독점하게 되었고, 이에 따라 죠슈벌은 오히려 역차별을 받는 신세가 되었다. 이러한 현상은 다나카의 후계자로 지목되었던 죠슈 출신의 쓰노 카즈스케(津

우가키 카즈시게 　　　　　　　　무토 노부요시

野一輔, 5기) 중장이 1928년 근위(近衛)사단장 재임 중 54세로 사망한 뒤부터 더욱 본격화되었다. 이러한 우가키의 행태를 우에하라벌에서는 '박쥐같은 남자'라고 비꼬았다. 다나카의 심복이었고 또 그의 후원으로 육군대신에 오른 우가키가 자신의 파벌을 강화하기 위해 반(反)죠슈벌 적인 행동을 취했기 때문이었다.

　무토는 반죠슈벌의 선봉이었던 동향의 우쓰노미야 타로(宇都宮太郎, 구7기) 대장의 후계자였다. 그러나 우쓰노미야가 1922년 61세로 사망한 뒤 우에하라의 지원을 받으며 사쓰마벌을 계승하였다. 이 그룹에는 육군성보다는 참모본부에서 근무한 장교들이 다수를 점하고 있었다. 이들은 그룹의 대표 무토의 출신 현(縣)인 사가벌(佐賀閥)로 불렸다.

우가키 중장이 육군대신이 되자 육군차관은 죠슈 출신의 쓰노 중장이 맡고, 육군성의 중심인 군무국장에 하타 에이타로(畑英太郎) 소장, 군무국의 핵심 요직인 군사과장에 스기야마 하지메(杉山元) 대좌를 임명해 우가키벌 중심의 인사를 단행하였다. 참모본부 인사는 가와이 미사오 대장이 참모총장, 참모차장에는 무토 중장, 총무부장에는 우가카벌의 아베 노부유키(阿部信行) 소장이 임명되었다. 1925년 5월에는 무토 참모차장을 한직인 군사참의관으로 보내고 후임에는 우가키벌인 가나야 한조(金谷範三) 중장을 임명하였다. 또 육군성의 스기야마 군사과장이 소장으로 진급하자 그 후임에는 계속하여 자파의 하야시 카쓰라(林桂) 대좌를 임명하였다. 무토의 사가벌은 아라키 사다오(荒木貞夫) 소장이 참모본부의 요직인 제1부장(작전 담당)을 맡은 것이 전부였다.

육군성 군무국은 군정(軍政)의 중심을 담당하는 부서로서 국방정책, 육군의 조직·편제·배치·출병 준비, 징발과 징병, 예산과 군수(軍需)에 관한 업무와 기병·포병·공병 등 각 병과에 관한 폭넓은 업무를 담당하고 있었다. 그 중 군사과는 육군의 편제·배치·출병 준비 및 징발에 관한 업무를 담당하는 핵심 부서였다. 1926년 10월에 육군성의 조직 개편에 따라 정비국이 설치되어, 이전 국무국이 관할했던 징발·징병에 대한 업무와 군수품의 조달·정비·보급 등 총동원체제에 관련된 업무를 담당하게 되었다. 이 체제는 「2·26사건」 후인 1936년 8월의 개편까지 근 10년간 지속되었다.

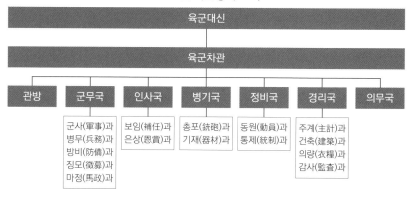

1926년 육군성의 조직

육군대신

육군차관

관방	군무국	인사국	병기국	정비국	경리국	의무국
	군사(軍事)과 병무(兵務)과 방비(防備)과 징모(徵募)과 마정(馬政)과	보임(補任)과 은상(恩賞)과	총포(銃砲)과 기재(器材)과	동원(動員)과 통제(統制)과	주계(主計)과 건축(建築)과 의량(衣糧)과 감사(監査)과	

반면 군령을 담당하는 육군참모본부의 조직은 참모총장-참모차장 밑에 총무부, 제1부(작전), 제2부(정보), 제3부(운수·통신), 제4부(전사: 戰史)가 설치되어 있었다. 무엇보다 제1부장-작전과장이 최고 요직이었다. 정보를 담당하는 제2부에는 해외 지역별로 과가 설치되어 러시아·구미(欧米: 歐美)·지나(支那: 중국)과가 해당 지역의 정보를 담당하고 있었다.

이와 같은 군정과 군령을 통합하여 군대를 움직이는 것이 통수권이다. 그런데 군정권과 군령권 중 어느 쪽이 더 중요한가? 어느 쪽이 더 센 곳인가? 하는 문제는 유치한 의문이지만, 때로는 현실적인 문제이기도 하다. 전시에는 무엇보다도 군령권이 우선시 된다. 전쟁 수행에 필요한 예산·인사 등을 군령권자의 요구에 따라 군정권자가 지원을 해야 한다. 청일전쟁 때를 보아도 황족 참모총장 아래 수상을 역임한 추밀원 의장 야마가타와 육군대신 오야마가 제1·2군 사령관이 되어 전쟁에 임했다. 군정권을 행사하는 육군대신이 완전히 군령권 아래 있었다. 러일전쟁 당시에는 참모총장이었던 오야마가 현지 사령관으로 나가고, 야마가타가 참모총장을 맡았다. 육군대신은 한참 아래의 테라우치였다. 군령을 담당하는 육군의 최고 수뇌 2명과 군정 담당자 사이에 너무 큰 차이가 있다. 그보다도 당시 수상이 가쓰라였으니, 내각 자체가 군령권 아래에 있었다고 해도 과언이 아니었다. 이들 사이에는 나이에서도 10년 정도의 차가 있었다.

그러나 전쟁이 없는 평시에는 군령권이 개점휴업 상태가 된다. 그러나 군정권은 매년의 예산편성과 군 인사 등 쉼없이 돌아가야 한다. 러일전쟁 이후 서서히 군정만이 존재하는 시기가 된 것이다. 군부대신인 육·해군대신이 육군참모총장·해군군령부장보다 중요한 자리가 되었다. 오늘날 한국에서도 군령권을 가진 합참의장, 군정권을 가진 각 군 참모총장 중 장성들이 더 선호하는 자리는 당연히 각 군 참모총장이다. 한국의 합참의장이 당시 일본의 육군참모총장·해군군령부장에 해당하고, 한국의 각 군 참모총장이 일본의 육·해군대신에 해당한다. 오늘날 한국에서 합참의장이 군 서열 1위이지만, 만약 선택해 갈 수 있다면 누구든지 당연히 참모총장을 선호할 것이다. 평시에는 역시 군정권을 가진 쪽이 실세가 된다. 일본에서 본격적으로 군정권이 우위를 점하기 시작한 1910년 후반부터 육군은 마지막 죠슈벌인 다나카의 시대였다. 그리고 이를 이어 받아 1920년대 중반부터는 우가키벌의 시대였다. 군의 근대화, 전쟁의 총력전화, 군대 조직의 거대화에 따라 이를 움직여 나가는 군 행정가 집단이 출현하게 되었고, 이들이 평시의 군을 지배하게 되었다. 이들은 어떤 의미에서 유능한 군정 엘리트였다고 볼 수도 있다.

무토가 참모차장에서 밀려난 자리인 군사참의관은 군사 문제에 대한 천황의 자문기관인 군사참의원의 구성원이다. 군사참의원의 구성은 당연직인 원수, 육·해군대신, 육군참모총장, 해군군령부장과, 임명직 군사참의관 약간명으로 구성된다. 물론 임명직 군사참의관은 장관급 장교 중에서 임명되지만, 현실적으로는 마땅한 보직이 없는 중장·대장이 임명되는 실권이 없는 한직이다. 육·해군 3장관의 인선과 장교들의 예비역 편입에 대한 심의가 주업무이다. 파벌간 대립이 격렬할 경우에는 의외로 중요한 자리가 되기도 하지만, 일반적으로는 '내정 또는 합의된 사항을 추인'하는 정도의 권한을 가지고 있을 뿐이다.

우가키 육군대신 시기의 우기기별의 인사

육군대신		1925	1926	1927	1928	1929	1930	1931
		宇垣一成			白川義則		宇垣一成	南次郎
우가키 가즈시게 宇垣一成(1)		육군대신(중·대장)			군사참의관(대장) 7		육군대신(대장) 5	조선총독 5 7
가네야 한조 金谷範三(5)		18사단장(중장) 9	참모차장(중장) 5 3		조선군사령관(중·대장) 3		군사참의관 8 2	참모총장(대장) 8
미나미 지로 南次郎(6)		육사교장 9	기병감(중장) 3	16사단장(중장) 3	참모차장(중장) 8	조선군사령관(중·대장) 8		육군대신 5 참의관
하타 에이타로 畑英太郎(7)			육군성 군무국장(소·중장) 8		참모차장(중장) 8	1사단장(중장) 7	관동군사령관(중·대장) 6 사망	
아베 노부유키 阿部信行(9)		참모본부 총무부장(소장) 8		육군성 군무국장(소·중장) 8		육군차관(중장) 8	육군대신(대리) 6 12	4사단장(중장) 6
스기야마 하지메 杉山元(12)		육군성 군사과장(대좌) 5	육군항공본부 보급과장(소장) 12		UN미건(소장) 8		육군차관(중장) 6 8 차관(대리)	
고이소 구니아키 小磯國昭(12)		15연대장(대좌) 5	참모본부 편제동원과장(대좌) 12	육대 교관(소장) 8		육군성 군무국장(소장) 8	육군성 정비국장 8	
니노미야 하루시게 二宮治重(12)		근위 3연대장(대좌) 5	영국대사관 무관(소장) 8		2여단장(소장) 8	참모본부 2부장(소·중장) 8	참모본부 총무부장(소·중장) 8	참모차장(중장) 8
다테카와 요시쓰구 建川美次(13)		기병 5연대장(대좌) 12	참모본부 제2부 구미과장(대좌) 5		중국대사관 무관(소장) 3	참모본부 1부장(소장) 8	참모본부 2부장(소장) 8	1부장 8
하야시 가쓰라 林桂(13)		근위 1연대장(대좌) 5	육군성 군사과장(대좌) 8		10연대장(소장) 8	참모본부 4부장(소장) 8	군사조사위원장(소장) 8	육군성 정비국장(소장) 8

5·15사건 이후 2·26사건까지 사가별의 인사

이름 / 출신	宇垣	南 次郎	1932	荒木貞夫	1933	1934	林 銑十郎	1935	川島義之	1936	寺内寿一	1937
무토 노부요시 武藤信義(3) 佐賀(사가)		교육총감(대장)		관동군사령관(대장) 원수		사망						
아라키 사다오 荒木貞夫(9) 東京(도쿄)		교육본부장 6사단장(중장)		육군대신(중장→대장)				군사참의관(대장)		예편		
마사키 진자부로 眞崎甚三郎(9) 佐賀(사가)		1사단장 사령관 타이완군 사령관		참모차장(중장)		군사참의관(대장)		교육총감(대장)		군사참의관 예편		
하야시 나리유키 林 銑之(9) 熊本(구마모토)		교총 본부장	1사단장(중장)		도쿄경비사령관(중장)	예편(대장)						
야나가와 헤이스케 柳川平助(12) 佐賀(사가)		기병감(소·중장)		육군차관(중장)				1사단장(중장)		타이완군 사령관(중장) 예편		
가시 코헤이 香椎浩平(12) 福岡(후쿠오카)		지나주둔군사령관(소·중장)		교육총본부장(중장)				6사단장(중장)		도쿄경비 사령관 예편		
하타 신지 秦 眞次(12) 福岡(후쿠오카)				헌병사령관(중장)				2사단장(중장)		예편		
야마오카 시게아츠 山岡重厚(15) 高知(고치)		10단장(소장)		육군성 군무국장(소장)		육군성 정비국장(소·중장)				9사단장(중장)	예편	
오바타 토시로 小畑敏四郎(16) 高知(고치)		육대 교관(대좌)		참모본부 제3부장(소장)		근위 1여단장		육대 간사(소장)		육대 교장(소·중장)	예편	
야마시타 토모유키 山下奉文(18) 高知(고치)		3연대장(대좌)		육군성 군사과장(대좌)			병기본부(소장)		군사조사부장	이민청	지나주둔 혼성여단장(소장)	

제2부

새로운 군부 세력의 등장
- 5·15사건과 2·26사건

	수상	육군대신	참모총장	교육총감
1927	若槻礼次郎(제1차) 와카쓰키 레이지로	宇垣一成 대장(1) 우가키 카즈시게		菊池慎之助 대장(구11) 기쿠치 신노스케
1928	田中義一 다나카 기이치	白川義則 대장(1) 시라카와 요시노리	鈴木荘六 대장(1) 스즈키 소로쿠	
1929				武藤信義 대장(3) 무토 노부요시
1930	浜口雄幸 하마구치 오사치	宇垣一成 대장(1) 우가키 카즈시게		
1931			金谷範三 대장(5) 가나야 한조	
1932	若槻礼次郎(제2차)	南 次郎 대장(6) 미나미 지로		
	犬養 毅 이누카이 쓰요시			
1933	斎藤 実 사이토 마코토	荒木貞夫 중·대장(9) 아라키 사다오		林銑十郎 대장(8) 하야시 센쥬로
1934			閑院宮載仁 원수(구6) 간인노미야 코토히토	
1935	岡田啓介 오카다 케이스케	林銑十郎 대장(8) 하야시 센쥬로		真崎甚三郎 대장(9) 마사키 진자부로
1936		川島義之 대장(10) 가와시마 요시유키		渡辺錠太郎 대장(8) 와타나베 죠타로

전후파 장교들의 세력화

육군 내의 세력 판도가 변화를 보이기 시작할 무렵인 1921년 10월 27일 독일의 온천 휴양도시로 유명한 바덴바덴(Baden-Baden)에서, 아니 그보다는 1981년 9월에 1988년 서울올림픽을 결정한 IOC총회가 열린 곳으로 우리에게 기억되는 그곳에서 일본 육군소좌 3명이 회동했다. 모두 육사 16기 동기생이었다. 스위스 주재 무관인 나가타 테쓰잔(永田鉄山, 나가노현(長野県) 출신), 소련 주재 무관으로 발령받았으나 일본의 시베리아 출병으로 부임하지 못하고 베를린에 체재하고 있던 오바타 토시로(小畑敏四郎, 고치현(高知県) 출신), 중국 근무를 마치고 유럽 출장 겸 위로 휴가 중인 오카무라 야스지(岡村寧次, 도쿄 출신)가 그들이었다. 이들은 이 모임에서 다음과 같은 합의를 하였다. ①육군 내의 죠슈벌을 타도하여 인사를 쇄신한다 ②제1차 세계대전의 결과를 감안하여 군제 개혁과 총동원 태세를 확립한다 ③그리고 이를 위하여 동지들을 규합한다는 것이었다. 다음날에는 독일 주재 무관으로 베를린에 있던 1기 후배 도죠 히데키(東條英機)를 참여시켜 전날의 합의를 재확인하였다. 이들은 모두 육군사관학교나 육군대학교를 우수한 성적으로 졸업했으나 죠슈나 사쓰마 출신이 아니었으므로 최고 상층부에 오르기는 불가능한 처지였다. 따라서 이들은 이러한 상황을 타파하고, 제1차 세계대전을 계기로 유럽 국가들과 같은 총력전 체제를 일본에서도 실현해 보기로 결심하였다. 이들은 독일 패전의 교훈으로부터 총력전 체제의 필요성을 절감하였다. 또 한편으로는 수백년 지속되어온 러시아 로마노프 왕조가 노동자·농민에 의해 붕괴되는 러시아혁명을 목격하면서 장래의 가상적국으로 특히 '사상적' 적국으로 소련의 존재를 인식하게 되었다. 이러한 변화에 대처하기 위해서는 군부 내의 파벌 해소, 군제개혁, 총동원 태세의 확립 등이 주요 과제임을 서로 인식하게 된 것이다.

이 16기는 또 다른 의미를 갖는 기수이다. 이들은 1904년 10월에 육군사관학교를 졸업하고 11월에 임관하였다. 아주 특별한 경우를 제외하고는 러일전쟁에 참전하지 않았다. 3군사령관으로 러일전쟁을 지휘한 노기 대장의 둘째 아들은 15기로 참전하여 전사하였다. 당시 육군 장교들은 러일전쟁을 기준으로 15기 이상은 전중파(戰中派), 16기 이하는 전후파(戰後派)로 나뉘었다.

1922-23년에 이들 3명의 소좌가 귀국하였고, 곧 중좌로 진급하였다. 다음 해인 1924년 1월 우가키 육군대신이 등장하면서 죠슈벌의 전성기가 막을 내렸다. 그리고 1925년 5월 9기의 아라키 사다오 소장이 참모본부의 작전을 담당하는 제1부장에 올랐다. 바로 그 밑의 작전과장은 12기의 하타 슌로쿠(畑俊六) 대좌였다. 1926년 3월 하타 작전과장이 소장으로 진급하여 여단장으로 나가고, 후임에 오가와 쓰네사부로(小川恒三郎) 대좌(14기)가 10개월 재임하였다. 그리고 12월에는 바덴바덴의 한 사람 오바타 토시로 중좌가 그 자리로 왔다. 파격적인 인사였다. 소장으로 진급하는 고참 대좌 자리에 중좌가 임명된 것이다. 나가타 중좌도 육군성에 신설된 정비국의 동원과장에 임명되었다. 전후파 16기

장교들이 육군의 중심부에 진입하기 시작한 것이다. 나가타는 과거 상부에 건의했던 「국가총동원에 관한 의견」이 인정을 받아 1926년 국가총동원기관 설치 준비위원회의 간사를 맡았다. 이어 내각의 자원국과 육군성의 정비국-동원과·통제과 설치와 함께 초대 동원과장이 된 것이다.

한편, 아라키와 오바타는 1928년 독일육군의 작전지휘 요령을 본떠 만들어진 「통수강령」의 수정 작업을 마무리하였다. 「통수강령」은 사단 상위의 군사령부급 이상 부대의 작전지휘 요령을 담고 있다. 이때 수정된 내용은 '포위섬멸전+단기결전'을 축으로 하고 있었다. 1918년 다나카 참모차장과 우가키 참모본부 제1부장이 중심이 되어 수정한 국방방침, 즉 총력전에 대비한 국방충실화 정책과는 거리가 있는 내용이었다. 아라키가 수정한 「통수강령」은 자신이 속한 사가벌의 전신인 우에하라와 사쓰마벌의 생각이 반영된 내용이었다. 이는 16기 소좌 3인이 바덴바덴에서 합의했던 총력전 체제의 정비 구상과도 거리가 있는 내용이었다. 이 10년의 간격을 두고 만들어진 서로 다른 내용의 국방충실화 계획과 「통수강령」이 새로운 군부 내 파벌 대립의 불씨가 된다.

이러한 상황 속에서 일본으로 귀국한 바덴바덴의 3장교들은 도쿄 시내의 프랑스음식점 후타바테이(二葉亭)에서 모임을 갖기 시작했다. 자연히 모임의 명칭이 후타바회(二葉会)로 불리게 된다. 모이는 인원도 육사 15-18기에서 2-4명씩을 규합하여 회원을 늘려나갔다. 1927년 11월에는 21-25기의 장교들이 또 다른 모임을 갖기 시작했다. 육군성 군무국 군사과 과원(課員)으로 근무하는 22기의 스즈키 테이치(鈴木

貞一) 소좌가 중심이 되었다. 이들은 국책(國策) 등의 연구를 목적으로 모임을 갖기 시작했다. 모임의 명칭은 목요회(木曜会: 일명 무명회(無名会)로도 불림)라고 불렀다. 목요회는 초기부터 후타바회와 연계를 가지고 시작되었다. 목요회의 회합에 당시 도쿄의 연대장으로 있던 나가타 대좌가 참석하여 모임 후에 회식을 함께 하기도 했다. 이들은 첫 번째 모임에서 관동군 참모로 잘 알려진 이시하라 칸지(石原莞爾, 21기) 소좌로부터 「입체전쟁론」에 대한 설명을 들었다. 이후 이시하라는 1928년 10월 관동군 작전주임참모가 되어 만주로 부임했다.

한편, 1927년 4월 출범한 다나카 내각은 쇼와금융 위기를 긴급칙령으로 모면하면서 적극적인 대중(對中)정책을 추진해나갔다. 다나카 정권은 시데하라의 '약체외교'로 중국에서 일본의 기득권익 유지뿐 아니라 일본인의 보호마저도 제대로 하지 못했다고 전(前) 정권의 정책을 비난하였다. 그리고 중국의 북벌에 대응하여 일본 거류민을 보호한다는 구실로 산뚱(山東) 출병을 감행하였다. 그러나 다나카 내각 내부에도 대중정책을 둘러싸고 의견 대립이 나타났다. 모리 카쿠(森恪) 외무정무차관과 관동군, 그리고 육군참모본부의 초강경파들은 장쭤린을 배제하고 만주를 중국에서 분리시킬 것을 주장하고 나섰다. 한편, 다나카 수상과 야마모토 죠타로(山本条太郎) 남만주철도사장, 육군성 등은 장쭤린과 제휴하여 이권을 확대해 나가자는 온건론의 입장이었다. 그러나 1928년 6월 4일 관동군은 남만주철도를 타고가던 장쭤린을 펑톈(奉天) 부근에서 폭살시켰다. 이 사건은 관동군 사령관 무라오카 죠타로(村岡長太

고모토 다이사쿠   장쭤린 폭살 사건 현장

郎, 5기) 중장의 지시로 후타바회의 멤버인 관동군 고급참모(정보 담당) 고모토 다이사쿠(河本大作, 15기) 대좌가 모든 책임을 지고 결행한 사건이었다. 야마가타 사후 군부는 다른 권력주체들과는 달리 돌출행동을 하기 시작한 것이다.

이러한 상황에서 후타바회는 회합을 열고 육군으로서의 대응과 관동군 고급참모 고모토 대좌에 대한 구제책을 협의하였다. 이것이 육군 내부에 있어서 하극상 풍조의 출발점이 된다. 다른 의미에서 1929년은 후타바회의 전성기이기도 했다. 이러한 분위기 속에서 다나카 수상도 중견장교들의 움직임에 대해 쉽게 대처하지 못하게 된 것이다. 고모토를 군법회의에 회부하지 않고 경비상의 실수로 간주하여 정직이라는 행정처분으로 마무리 지었다. 결국 이 사태로 같은 해 7월 다나카 수상은 퇴진하고 말았다. 고모토는 1929년 4월 예비역에 편입되었으나 그 후에도 후타바회의 모임에 출석하였다.

한편, 다나카(田中義一) 내각의 출범으로 야당이 되었던 헌정회는 1927년 6월 한때 정우회에 접근하기도 했던 정우본당과 합당하여 민정당(民政党)을 창당하였다. 그리고 다나카 퇴진 후, 천황의 정치적 보좌역인 내대신(內大臣) 마키노 노부아키(牧野伸顕)의 천거에 의해 민정당의 하마구치 오사치(浜口雄幸) 내각이 출범하게 되었다.

잇세키회(一夕会)의 결성

1929년 5월, 장쭤린 폭살사건의 처리를 둘러싸고 다나카 내각이 갈피를 잡지 못하고 있을 무렵, 후타바회와 목요회가 통합하여 잇세키회(一夕会)를 결성하였다. 육사 15-18기 중심의 후타바회와 21-25기 중심의 목요회가 통합됨으로서 육군 중견장교들로 구성된 최초의 파벌이 탄생한 것이다. 이들은 만주사변이 일어나는 1931년 9월까지 매월 1회의 회합을 갖고 대륙정책과 만몽문제를 중심으로 하여 지속적인 의견교환을 해나갔다. 첫 모임에서는 특히 육군 인사의 쇄신을 통하여 제반 정책을 강력히 밀고 나갈 것과 만몽문제의 해결을 합의하였다. 특히 "아라키 사다오(荒木貞夫)·마사키 진자부로(真崎甚三郎, 이상 9기), 하야시 센쥬로(林銑十郎, 8기) 3중장을 모시고 올바른 육군을 재건할 것"을 결의하였다. 아라키는 도쿄, 마사키는 사가, 하야시는 이시카와현(石川県) 출신으로 죠슈나 사쓰마벌이 아니었다. 이들은 나아가서 회원들을 주요 직책에 보임시켜 모임의 목표가 실현되도록 상관을 보좌하기로 뜻을 모았다. 참모들이 지휘관들을 자신들의 뜻대로 움직여 나가자고 약속한 것이다. 특히 인사면에 있어서는 죠슈벌이나 일반 중학교 출신자에 대한 반감이 나타났다. 죠슈벌 출신에 대한 반발은 이해되지만, 일반 중학교 출신자들에 대해서는 '신념이 없고 태도가 변하기 쉬우므로 위험하다'는 인식을 가지고 있었다. 유년학교 출신자들의 순혈(純血)주의의 발로였다. 잇세키회 회원은 3-4명을 제외하고는 전부 유년학교 출신들이었다. 이들은 죠슈벌이 전성기를 구가하고 있을 때에 소위로 임관하였고, 그 후 좌관급 장교가 되었을 때 죠슈벌이 붕괴되는 우가키 육군대신 시대를 맞게 된 것이다. 그러나 후일 이들은 「황도파」(皇道派)와 「통제파」(統制派)로 나뉘어 대립하게 된다. 그런 점에서 당시의 회합은 오월동주(吳越同舟) 격인 모임이었다.

이들 중견장교들은 1920년대를 "군축을 거치면서 10년의 와신상담"이라고 표현하였다. 제1차 세계대전 이후 여론의 힘을 얻은 군축 무드와 정당정치의 활성화에 따른 국내정치 상황은 군에 대하여 부정적인 이미지를 형성하였다. 즉 "군대는 세금 도둑"이라는 인식을 만들어냈다. 이러한 사회적 분위기는 일요일 외출 나온 군인들도 거리에서 접하는 시민들의 시선 속에서 충분히 느낄 수 있었다. 특히 러일전쟁 이후의 전후파 장교들에게는 심각한 문제가 아닐 수 없었다. 러일전쟁 직후의 초급장교 시절, 군인에 대한 국민들의 시선은 과장하여 표현하면 존경을 넘어서 영웅을 대하는 듯하였으나, 불과 십여 년 지난 당시는 분위기는 너무나도 달라져 있었다. 따라서 군이 앞으로 여론의 지지를 받아 국가의 '지배기관'으로서 지위를 회복하기 위해서는 육군 내부의 파벌을 해소하여 하나로 통합하는 것이 시급한 과제라고 인식하게 된다.

다나카 내각의 퇴진 후 성립된 민정당의 하마구치 내각에서 우가키 군사참의관이 또다시 육군대신으로 복귀하였다. 참모총장에는 가와이의 후임으로 스즈키 소로쿠(鈴木莊六, 1기) 대장이 1926년 3월에 취임해 있었다. 그러나 1930년 2월 스즈키 참모총장이 65세로 정년을 맞이하게 되자 후임 인선을 둘러싸고 우가키 육군대신과 사가벌의 대부인 우에하라 원수가 대립하였다. 우가키는 자파의 가나야 한조(金谷範三, 5기) 군사참의관을, 우에하라는 사가벌의 우두머리 무토 노부요시(武藤信義, 3기) 교육총감을 밀었다. 결과는 우가키의 승리였다.

그러나 1930년을 전후한 일본은 여러 가지 면에서 매우 심각한 상황이 벌어지고 있던 시기였다. 1929년 10월 미국 증권시장에서 시작된 세계공황이 확대되고 있었고, 일본은 금본위체제로의 복귀와 맞물려 극심한 불황이 닥쳐왔다. 여기에 1930년 4월의 런던 해군군축조약의 체결은 군부뿐만 아니라 사회 전반에 걸쳐서 불안한 상황을 만들고 있었다. 11월의 하마구치 수상의 피격 사건은 이러한 상황을 단적으로 보여주는 것이었다. 육군 내부에도 이러한 상황을 반영하는 또하나의 단체가 생겨났다. 사쿠라회(桜会)의 결성이다. 1930년 9월 참모본부의 하시모토 킨고로(橋本欣五郎, 23기) 중좌 등이 중심이 된 단체였다. 참모본부 및 육군성에 근무하는 육군대학교 출신의 중좌 이하, 21기부터 당시 중위인 35기까지의 엘리트 장교들이 중심이 되었다. 이들은 설립취지서에서 정당정치의 부패와 군축에 대한 저주를 내걸고 있었다. 군 내부의 문제만이 아니라 정치에 대한 불만이 표출되기 시작한 것이다. 그들은 이러한 문제를 해결하기 위해서 군부 독재정권의 수립에 의한 국가개조를 주장하였다. 즉 자신들의 목적을 실현하기 위해 무력사용을 불사하겠다고 공공연히 선언하고 나선 것이다. 이 모임의 회원수는 정확하지는 않지만 1931년 5월경 150명 정도였다고 한다.

이들은 민간 우익인 오카와 슈메이(大川周明) 등과 손잡고 있었다. 1931년 3월 20일을 기하여 군중을 동원하여 도쿄 중심부에서 소요사태를 일으키고, 이의 수습을 목적으로 1사단을 출동시키고자 계획하였다. 그리고 계엄령을 선포한 뒤, 국회에 돌입하여 하마구치 수상의 퇴진을 요구하고, 우가키 육군대신을 수상에 옹립하여 군사정권을 수립한다는 계획을 세웠다. 결과적으로 미수에 그쳤지만 이를 「3월 사건」이라 부른다.

하시모토는 자신의 수기(手記)에 참모본부 제2부장 다테카와(建川美次) 소장을 통하여 참모차장 니노미야(二宮治重) 중장, 육군차관 스기야마(杉山元) 중장, 그리고 육군성 군무국장 고이소(小磯國昭) 소장 등 우가키와 가까운 장군들의 찬성을 얻었다고 밝히고 있다. 이들이 이른바 우가키벌에 속한 인사들인 것은 사실이다. 그러나 이 내용은 이와 상반되는 증언들이 다수 존재하고 있어, 사실과는 차이가 있다고 보아야 한다. 군무국 군사과장 나가타(永田鉄山) 대좌와 인사국 보임(補任)과장 오카무라(岡村寧次) 대좌는 시기상조를 주장하며 반대하였다. 오카무라의 일기(『岡村寧次日記』)는 "나가타는 처음부터 신중론이었고, 고이소는 절대반대의 입장을 밝혔다"고 기록하고 있다. 나가타와 오카무라는 잇세키회의 멤버들이다. 이상과 같은 증거들을 종합해 볼 때, 하시모토의 수기 내용은 우가키벌에 속한 장군들에게 거사의 의향을 전달한 정도였고, 찬성을 얻었다고는 보기 어렵다.

만약 쿠데타가 결행되었을 경우 동원대상이었던 도쿄의 1사단장은 우가키와는 거리가 있는 마사키 중장이었다. 마사키는 나가타와 육사 동기인 1사단 참모장으로부터 쿠데타 계획을 전해 들었다. 그리고 참모장을 통하여 나가타 등에게 신중히 행동할 것을 경고하였다. 그리고 당시 경비상의 지휘권을 가지고 있던 도쿄경비사령관 하야시 야사키치(林弥三吉, 8기) 중장에게도 자신의 생각을 전했다. 만약의 사태가 발생했을 경우, 어떠한 명령에도 따르지 않고 쿠데타를 진압하겠다고 통고하였다. 도쿄경비사령부는 1923년 관동대지진 이후 수도 경비 및 치안 유지를 위해 설치된 조직이다. 그 권한은 도쿄에 주둔하고 있는 근위(近衛)사단과 1사단에 대한 작전지휘권이 아닌 경비상의 지휘권만을 가지고 있었다. 이 사령부는 1937년까지 존재하였다.

우가키는 자신을 수상으로 옹립하여 군사정권을 수립하겠다는 쿠데타 계획에 미묘한 입장이었다. 당시 하마구치 수상이 국가주의자 청년에게 피격되어 입원 중이었다. 만약 사임할 경우 자신이 수상에 임명될 가능성도 있었다. 때문에 태도를 분명히 하지 못하고 주저하는 입장이었다.

결과적으로 3월 17일 거사 계획이 철회되었다. 이후 급진파들은 국내에서의 거사를 단념하고 만주에서 사건을 만들어 그것을 계기로 삼아 국내 개혁을 단행하기로 방향을 전환하였다. 이들에게는 국가개조 방법에 있어서 내지(內地: 일본 본국을 의미함)선행론과 대륙선행론이 병존했으나 대륙선행론으로 정리되었음을 의미한다. 한마디로 쿠데타 음모의 일상화 시대가 된 것이다. 하마구치 수상은 건강 악화로 결국 4월

가나야 한조   미나미 지로

에 정권을 포기하고 사임한다. 후임으로 민정당의 와카쓰키(若槻礼次
郎)가 두 번째로 수상에 올랐다. 육군대신에는 군사참의관으로 있던 우
가키벌의 미나미 지로(南次郎, 6기)가 임명되었다. 육군대신을 사임한
우가키는 일단 군사참의관에 임명되었다가 6월에 예편하여 제6대 조선
총독에 임명되었다.

　　미나미 육군대신과 가나야 참모총장은 두 사람 모두 규슈(九州)의
오이타현(大分県) 분고타카다시(豊後高田市) 출신으로 어려서부터 친밀
하게 지내온 사이였다. 나이도 육군사관학교도 가나야가 1년 선배이다.
미나미는 가나야로부터 1927년 3월에는 참모차장직을, 1929년 8월에
는 조선군 사령관직을 인수인계 받은 사이였다. 와카쓰키 내각은 온건

파에 속하는 가나야와 미나미 두 사람과 제휴하여 육군을 통제할 수 있기를 기대하였다. 그러나 우가키벌 내에서 미나미는 군정 경험이 부족하여 육군을 통제할 수 있는 리더십이 충분하다고는 할 수 없는 인물이었다. 그러나 육군대신 감이었던 하타 에이타로(畑英太郎) 관동군 사령관이 1년 전 사망함에 따라 차선책으로 그 자리에 오른 것이었다.

만주사변

1928년 10월 이시하라(石原莞爾) 중좌가 관동군 작전주임참모로 부임했다. 1929년 5월에는 장쭤린 폭살사건으로 물러난 관동군 고급참모(정보 담당) 고모토(河本大作, 15기) 대좌의 후임으로 이타가키 세이시로(板垣征四郎, 16기) 대좌가 부임하였다. 이와 함께 1929년 8월 오카무라(岡村寧次) 대좌가 육군성 인사국 보임과장에, 1930년 8월 나가타(永田鉄山) 대좌가 육군성 군무국 군사과장에 임명되었다. 잇세키회의 멤버가 육군성의 요직 과장과 관동군의 중심을 차지하게 된 것이다. 1930년 11월 나가타 군사과장이 만주에 출장갔을 때 이시하라 작전주임참모에게 24cm 곡사포를 보내주기로 약속하였다. 곡사포는 1931년 7월 만주 주둔 2사단 29연대에 배치되었다.

육군 내부에서는 1931년 3월 만몽문제의 근본적 해결의 필요성을 주장하는 「쇼와 6년(1931년)의 정세판단」이라는 문서가 작성되었다. 같은 해 6월 참모본부 제2부장(해외정보 담당) 다테카와(建川美次) 소장을 위원장으로 하는 5과장 회의가 발족되었다. 구성 멤버는 육군성 군사과장 나가타 대좌, 보임과장 오카무라 대좌, 참모본부 총무부 편제동원과장 야마와키 마사타카(山脇正隆, 18기) 대좌, 참모본무 제2부 구미(欧米)과장 와타리 히사오(渡久雄, 17기) 대좌, 지나(支那)과장 시게토치아키(重藤千秋, 18기) 대좌였다. 이들은 1년 이내에 만주에서 무력행사를 감행한다는 「만주문제 해결 방침 대강(大綱)」을 결정하였다. 5명의 과장 중에서 잇세키회의 멤버가 아닌 사람은 야마와키와 시게토였다. 그러나 8월 편제동원과장이 잇세키회의 도죠 히데키(東條英機, 17기) 대좌로 교체되었다. 그리고 참모본부 제1부 작전과장 이마무라 히토시(今村均, 19기) 대좌와 교육총감부 제2과장 이소가이 렌스케(磯谷廉介, 16기) 대좌가 추가되어 7과장 회의로 확대되었다. 이소가이도 잇세키회의 멤버이다. 이와 같이 하여 육군 중앙부와 관동군 내의 잇세키회 멤버가 중심이 되어 만주사변 계획이 추진된 것이다. 이들에게 있어서 만주는 러일전쟁에서 피흘려 얻은 권익이었고, 만주를 잃게 되면 일본의 중공업은 파멸된다는 생각을 가지고 있었다. 만약 일본과 소련 간에 전쟁이 일어난다면 북만주에서 일어날 것이라고 예상하였으므로, 만주는 일본에게 절대적으로 필요한 전략적 거점이었다.

한편, 1931년 8월의 인사에서 관례대로라면 1사단장 마사키 중장이 관동군 사령관에 임명될 순서였다. 그러나 육군 수뇌부는 '청년장교들을 선동할 위험이 있다'는 이유로 동기의 10사단장 혼죠 시게루(本庄繁) 중장을 관동군 사령관에 임명하였다. 마사키는 그보다는 격이 아래인 타이완군 사령관에 임명되었다. 마사키로서는 우가키벌의 인사에 불만을 가질 수밖에 없었다. 이 때 구마모토(熊本)의 6사단장 아라키 중장도 좌천될 상황이었으나 사가벌의 우두머리 무토 교육총감이 '아라키만은 구제해 달라'고 사정하여 무토 밑의 교육총감부의 2인자인 본부장으로 전출되었다. 구마모토에서 도쿄에 도착한 아라키는 청년장교들에 둘러싸여 마치 '개선장군의 귀환'과도 같은 모습이었다.

1개월 뒤인 9월 18일 펑톈 교외의 류탸오후(柳條湖) 부근 만주철도에서 폭발 사건이 일어났다. 만주사변의 시작이다. 3년 전 발생한 장줘린 폭살사건 현장으로부터 수 km밖에 떨어지지 않은 지점이었다. 관동군은 이 사건을 장쉐량(張學良)의 동북군의 파괴 공작이라고 발표하면서 바로 군사행동에 돌입했다. 그러나 이 사건은 관동군 참모 이타가키 대좌와 이시하라 중좌가 계획한 자작극이었다. 이타가키는 즉시 뤼순(旅順) 사령부의 혼죠 사령관에게 연락하고 독립수비대를 출동시켰다. 혼죠가 뤼순에서 펑톈으로 이동 중 수행하고 있던 이시하라의 건의에 따라 랴오양(遼陽)에 주둔 중인 2사단을 펑톈으로의 이동시켰다. 참모들이 만든 각본대로 움직이고 있었다. 결국 관동군 전체가 출동한 것이다. 이로써 펑톈을 비롯하여 창춘(長春) 등 만주철도 주변의 남만주 일대는 완전히 관동군에 의해 점령되었다. 부임 1개월 된 사령관이 참모들에 의해 휘둘려지고 있었다. 본국의 참모본부는 관동군의 출동은 일단 자위권의 발동에 따른 것으로 인정하면서, 더 이상 무력행동을 확대하지 않는다는 조건으로 이 사태를 추인하였다. 정부도 각의(閣議)에서 이를 추인하여 천황에게 상주(上奏: 군주에게 말씀을 아룀)하기로 하였다. 본국의 참모본부나 정부도 막료장교들에게 끌려가는 상황이 벌어지고 있었다.

그러나 당시 장쉐량의 동북군은 총 45만명이었고, 펑톈 교외에는 중국군 7000명이 주둔하고 있었다. 관동군은 1개 사단과 독립수비대 6개 대대를 합쳐서 1만명 정도에 불과했다. 절대적으로 병력의 열세에

이타가키 세이시로　　　　　이시하라 칸지

있던 관동군은 압록강 건너에 있는 조선군(조선 주둔 일본군)에게 만주에 출동해줄 것을 요청하였다. 당시 조선군은 2개 상비 사단을 보유하고 있었다. 조선군 사령관은 하야시 센쥬로(林銑十郎, 8기) 중장이다. 하야시는 처음에는 본국의 지시 없이 독단으로 부대를 출동시킬 수 없다고 거부하였다. 그러나 이미 사전에 관동군 측과 협의가 있었던 참모의 강요에 가까운 건의에 따라 9월 21일 조선 주둔 20사단 휘하에 있던 39·40여단 중 39여단의 출동을 명령한다. 20사단은 용산에 사령부를 두고 있었고, 39여단은 평양에, 40여단은 용산에 사령부를 두고 있었다. 39여단 예하의 77연대는 평양에, 78연대는 용산에 주둔하고 있었다.

　　외지 주둔 일본군 부대는 본국 참모본부의 작전지휘권에서 벗어나

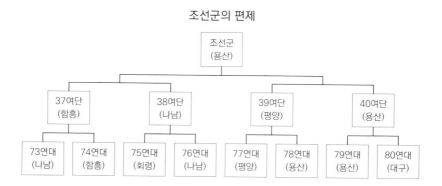

조선군의 편제

조선군
(용산)

37여단
(함흥)

38여단
(나남)

39여단
(평양)

40여단
(용산)

73연대
(나남)

74연대
(함흥)

75연대
(회령)

76연대
(나남)

77연대
(평양)

78연대
(용산)

79연대
(용산)

80연대
(대구)

있다. 이들 부대의 작전·이동 명령은 천황의 승인이 있어야 가능한 것이다. 따라서 하야시의 독단적 결정은 군형법 상 중죄에 해당하는 행위였다. 이 사건으로 하야시는 우리말 발음으로는 조금 민망하지만 「월경(越境·경계를 넘어감) 장군」이라는 '명성'을 얻게 되었다. 본국에서는 이 사태를 둘러싸고 참모본부와 육군성 그리고 내각에서 격론이 벌어졌다. 그러나 다음날의 각의에서 와키쓰키 수상은 이미 출동이 이루어진 이상 어쩔 수 없다고 이를 인정하고, 조선군의 만주 출병에 대한 경비를 정부가 지출하기로 결정하여 천황에게 재가를 올렸다. 이로써 조선군의 독단적 출병은 사후 승인에 의해 천황의 명령에 따른 것으로 만들어졌다. 그 후 관동군과 조선군은 무력행동을 확대하지 않는다는 본국의 방침을 무시하고 계속 전선을 확대하여 나갔다. 결국 북만주까지 진출하였고, 1932년 2월에는 하얼빈을 점령하여 중국 동북부 전체를 제압하였다.

혼죠 사령관은 만주사변 발발 직후 가나야 참모총장에게 만주 북부를 포함한 만주 전체 지역의 치안유지를 위하여 3개 사단의 증파를 요

용산 위령비(왼쪽: 일본군 위령비, 오른쪽: 미8군 위령비)

청하였다. 결과적으로 1936년까지 만주에 3개 사단이 증원되어 관동군은 4개 사단과 5개 대대의 독립수비대를 거느린 거대한 군대가 되었다.

이때 만주에 출병하였다가 사망한 78연대 장병들의 위령비가 연대본부가 있던 용산에 세워졌다. 해방 후 미군이 이 자리에 주둔하면서, 이 위령비를 개조하여 미8군 전몰자 위령비로 '재활용'하였다. 기단은 그대로 사용하고 비석만 교체한 것이다. 용산 미군기지의 반환을 앞두고 이 위령비의 존속 여부가 논란거리가 되기도 하였다.

만주사변은 국가혁신이라는 열망에 집착한 군부의 막료들이 만주에 '이상국가'를 건설하고, 이를 계기로 하여 본국 일본을 개조해 보려고 일으킨 사건이었다. 여기에서 군부는 만주문제라는 이름 하에 국책, 즉 정치문제에 관한 논의를 주도하였다기보다는 전횡하였다. 그리고 군 내부에서는 하극상의 풍조와 막료의 독단과 폭주를 방치하게 되었다. 게다가 외지에 파견된 부대가 본국 지휘부의 의사를 무시하고 독단적인 행동을 하여도 군법에 의해 처벌되지 않을 뿐 아니라, 결과만 좋으면 된다는 군인 특유의 정신이 만연하게 되었다. 이런 점에서 만주사변은 역사적으로 커다란 과제를 남긴 사건이었다.

　이러한 사태의 배경에는 군 조직 내부에서 참모의 역할이 비대화 되었다는 점도 부인할 수 없다. 제1차 세계대전 이후 군 조직에서 참모직의 전문성이 강화되었다. 따라서 군 내부의 실권이 지휘관보다는 참모장·참모에게 쥐어졌다. 그러나 통수질서에서 본다면 참모는 지휘관의 보좌역할에 지나지 않기 때문에 결과에 책임을 지지 않는다. 이러한 참모들, 특히 좌관급 참모들이 현실에 있어서 각급 부대의 용병 및 작전의 실권을 쥐게 되었다. 그리고 지휘관들이 참모들을 장악할만한 리더십이 없었다. 이러한 점이 당시 사태의 원인이 된 것이다.

　만주사변으로 불안정한 정국이 지속되던 중에 10월 17일 「3월 사건」을 주도했던 사쿠라회의 장교들이 또다시 쿠데타 모의 혐의로 헌병대에 체포되는 사건이 발생했다. 이들은 「3월 사건」의 주모자 하시모토(橋本欣五郎, 23기) 중좌를 비롯하여 죠 이사무(長勇, 28기) 소좌 등이 중심이었다. 이들은 도쿄의 근위사단과 1사단의 일부 병력을 동원하고 육·해군의 전투기·정찰기까지 동원하여 수상관저·육군성·참모본부·경시청(警視庁: 도쿄의 치안을 담당하는 경찰조직)을 습격하기로 하였다. 이 계획은 10월 24일을 기해 관동군이 일본으로부터 분리·독립하겠다는 전보를 정부에 보내고 이를 신호로 하여 쿠데타를 실행에 옮긴다는 각본이었다. 그들은 와카쓰키 수상 이하 각료들을 암살 또는 체포한 뒤, 원로 사이온지 킨모치(西園寺公望)와 황족인 간인노미야 코토히토(閑院宮載仁) 원수(육군)와 해군의 도고 헤이하치로(東郷平八郎) 원수를 천황에게 파견하여 조각의 명령을 받을 수 있도록 계획하였다. 이들의 정권 구상은 육군 교육총감부 본부장 아라키 사다오(荒木貞夫, 9기) 중장을 수상에, 주모자 하시모토 중좌를 내무대신에, 참모본부 제1부장 다테카와 요시쓰구(建川美次, 13기) 소장을 외무대신에, 해군의 함대파에 속하는 고바야시 세이자부로(小林省三郎) 소장을 해군대신에, 「3월 사건」 때부터 관여한 민간 우익 오카와 슈메이(大川周明)와 기타 잇키(北一輝)를 각각 대장(大蔵: 현재의 재무)대신과 사법(司法: 현재의 법무)대신에 임명하고, 또 한명의 주모자인 죠(長勇) 소좌를 경시총감(警視総監: 경시청의 최고책임자)에 임명하여 군사정권을 수립한다는 것이었다. 이른바 「10월 사건」이다.

이 사건의 배경에는 쇼와 초기의 정치·경제의 난맥상이 그대로 깔려있다. 시데하라 외상의 협조외교 노선에 대한 불만과 경제적으로 농촌의 피폐가 극심해지고 불경기에 따른 실업이 심각한 상황에서, 만주사변을 계기로 국내 개조를 단행해 보고자 하는 시도였다. 당시 후타바회-잇세키회 소속의 장교들은 육군 상층부를 자신들이 마음대로 움직이고 있다고 여기고 있었으며, 관동군도 마찬가지로 자신들이 움직이고 있다고 생각하고 있었다. 그러나 이들은 비록 육군대학교 출신이기는 하였지만, 자신들이 육군 중심부의 주요 보직에는 갈 수 없다는 것을 알고 있었던 사람들이었다. 따라서 평소 갖고 있던 불만에서 '막가파'식의 행동을 보였기 때문에 사건이 사전에 발각되었다. 특히 이들은 자신들이 60여년 전 메이지유신의 지사(志士)들인 것처럼 행동하였다. 또한 사건에 관여한 민간 우익들은 일부 정치인들에게 공개적으로 사건의 결행을 말하기도 하였다.

사건이 발각되자 나가타 군사과장 등은 이들 주모자들을 극형에 처해야 된다고 주장하고 나섰으나 결과적으로는 유야무야 되고 말았다. 「3월 사건」과 「10월 사건」은 일반 국민에게는 물론 정부·정당에 대하여도 극비에 부쳐졌다. 따라서 사이온지 정도의 정계 최상층부 인사를 제외하고는 그 진상이 전후까지 알려지지 않았다. 더욱이 정계의 상층부의 인사들마저도 육군의 폭주에 대한 심각성을 전혀 인식하지 못하고 있었다. 군 내부에서도 쉬쉬하는 분위기 속에서 이 사건의 책임자와 관련자에 대해 제대로 된 처분을 하지 못하고, 이를 둘러싼 파벌 갈등만 키워갔다.

「10월 사건」이 가져온 결과는 크게 3가지로 볼 수 있다. 첫째로 민정당 와카쓰키 내각의 붕괴이다. 그 결과 12월에 정우회의 이누카이 내각이 출범하였다. 둘째로 육군 내부의 권력이 아라키 육군대신 중심으로 교체되었다. 우가키벌의 시대가 끝난 것이다. 셋째로 민간 우익 세력에 자극을 줌으로써 이들의 활동 폭이 확대되기 시작하였다. 정권과 육군 실세의 교체, 그리고 새로운 세력의 가담, 사태가 복잡하게 얽히면서 정치 상황은 커다란 소용돌이 속으로 빨려 들어가고 있었다.

아라키의 등장

불안한 정치 상황의 연속이었던 1931년이 저물 무렵 12월 13일 정우회 이누카이 정권이 출범했다. 새 내각의 육군대신 임명을 둘러싸고 여러 가지 의견이 오고갔다. 미나미 대신이 8개월밖에 재임하지 않았으므로 그대로 유임시키자는 안이 있었고, 조선총독으로 나갔으나 여전히 영향력을 유지하고 있었던 우가키는 우가키벌에 속한 아베 노부유키(阿部信行, 9기) 4사단장을 추천하였다. 우가키는 이누카이 정권이 연립내각을 구성할 것으로 예상하였다. 따라서 내각 안에서 조화를 이룰 수 있는 성격의 인물로서 아베를 생각했던 것이다. 한편 우에하라 원수와 새 내각의 서기관장(書記官長: 현재의 관방장관에 해당)이 된 모리 카쿠(森恪) 전 외무차관은 아라키 사다오(荒木貞夫, 9기)를 밀었다. 아라키가 아니면 지금같이 뒤숭숭한 육군 내부를 안정시킬 수 없다는 생각이었다. 또한 잇세키회의 장교들도 나름대로 정우회의 유력 정치인들에게 아라키의 임명 공작을 펼쳤다. 우가키가 추천한 아베는 아라키와 육사 동기지만 군내 서열이 위였고(아베가 아라키보다 4개월 먼저 중장 진급), 아라키를 지지하는 모리는 대중(對中) 강경파로 군부의 지지가 강력하다는 배경을 가지고 있었다. 결과는 아라키에게 낙점되었다. 「10월 사건」 이후 불온한 분위기에 싸여있는 중견 장교들에게 영향력을 미칠 수 있는 아라키를 통하여 이들의 행동을 억제해 보려는 의도였다.

아라키의 등장은 우가키 시대의 종언을 의미했다. 다른 의미에서는 군정 엘리트의 교체였다. 다나카 육군대신에서 우가키 육군대신으로 이어지는 시기는 군정 우위의 시기였다. 전쟁이 없는 시기에는 군령보다는 군정이 중시된다. 국방 충실화 계획의 추진과 이에 관련한 군축 등은 모두 군정 엘리트들이 주도하였다. 이 시기에 군정을 담당한 세력이 우가키벌을 형성하게 되었고 군정 엘리트의 주류를 이루게 된 것이다. 그리고 이들 세력에 저항하며 불만을 가졌던 세력이 사가벌이었고, 바로 아라키의 등장은 주류와 비주류의 교체를 의미했다.

대신이 된 아라키는 곧바로 인사에 착수했다. 취임 열흘 뒤 우가키벌에 속했던 가나야 참모총장을 경질하고 후임에 황족인 간인노미야 코토히토(閑院宮載仁) 원수를 임명했다. 간인노미야는 일본에서 육군유년학교를 마치고 프랑스 육군사관학교와 육군대학교를 졸업했다. 유년학교 졸업 연도로 보면 육사 구6기에 해당한다. 그리고 임명 당시 나이가 66세. 평생 현역인 원수이기는 하지만 일반 장교였으면 정년이 넘은 나이였다. 황족이 육군의 최고 지위에 오르게 됨에 따라 해군에서도 균형을 맞추기 위해 이듬해 2월 후시미노미야 히로야스(伏見宮博恭) 해군대장이 해군군령부장에 임명되었다. 아라키는 이어서 취임 20일 후인 1932년 1월 7일 참모차장에 타이완군 사령관으로 나가있던 사가벌 소속의 육사 동기 마사키(真崎甚三郞, 9기) 중장을 임명했다. 관동군 사령관 자리를 놓고 동기 혼죠 시게루에게 밀렸던 마사키가 육군 중앙으로 입성한 것이다. 2월에는 참모본부 제1부장에 후루쇼 모토오(古莊幹郞, 14기) 소장을, 제1부장 밑의 과장급 최고 요직인 작전과장에는 오바타 토

시로(小畑敏四郎, 16기) 대좌를 임명했다. 5년 전 아라키 제1부장과 작전
과장으로 「통수강령」 개정 작업을 맡았던 인물이다. 오바타는 이례적으로
작전과장을 2번째 맡은 것이지만 이번의 재임기간은 불과 2개월밖에 되
지 않았다.

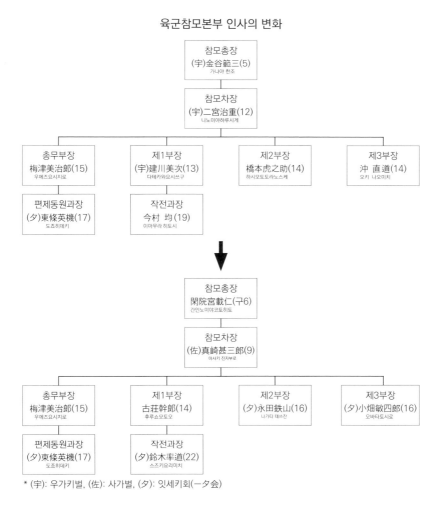

육군참모본부 인사의 변화

참모총장
(宇)金谷範三(5)
가나야 한조

참모차장
(宇)二宮治重(12)
니노미야하루시게

총무부장	제1부장	제2부장	제3부장
梅津美治郎(15)	(宇)建川美次(13)	橋本虎之助(14)	沖 直道(14)
우메즈요시지로	다테카와요시쓰구	하시모토토라노스케	오키 나오미치

편제동원과장	작전과장
(夕)東條英機(17)	今村 均(19)
도조히데키	이마무라 히토시

참모총장
閑院宮載仁(구6)
간인노미야코토히토

참모차장
(佐)真崎甚三郎(9)
마사키 진자부로

총무부장	제1부장	제2부장	제3부장
梅津美治郎(15)	古荘幹郎(14)	(夕)永田鉄山(16)	(夕)小畑敏四郎(16)
우메즈요시지로	후루쇼모토오	나가타 테쓰찬	오바타토시로

편제동원과장	작전과장
(夕)東條英機(17)	(夕)鈴木率道(22)
도조히데키	스즈키요리미치

* (宇): 우가키벌, (佐): 사가벌, (夕): 잇세키회(一夕会)

2월에는 군정을 담당하는 육군성의 인사가 이루어졌다. 핵심 보직인 군무국장 고이소(小磯国昭) 중장을 육군차관으로 승진시킴으로서 실무라인에서 배제하였다. 후임 군무국장에는 군정 경험이 거의 없는 사가벌 소속의 야마오카 시게아쓰(山岡重厚, 15기) 소장을, 인사국장에는 마쓰우라 준로쿠로(松浦淳六郎, 15기) 소장을 임명했다. 4월에는 대좌들의 소장 진급에 따라 중요한 인사가 이루어졌다. 바덴바덴의 3명의 대좌가 소장에 진급하여 나가타 군사과장은 참모본부 제2부장에, 2번째로 작전과장을 2개월간 맡았던 오바타는 참모본부 제3부장에 나란히 임명되었다. 이 두 사람이 있던 자리의 후임에 관심이 쏠렸다. 군사과장 자리를 놓고 도죠(東條英機, 17기) 참모본부 편제동원과장과 야마시타 토모유키(山下奉文, 18기) 3연대장이 경합하였다. 도죠는 1년 선배인 바덴바덴의 3장교와 매우 친밀한 관계였다. 도죠는 중위 시절 육군대학교 시험에 두 번 낙방하였다. 이 때 육군대학교를 23기로 졸업한 나가타와 오카무라가 재학 중(25기)인 오바타의 집에서 도죠의 입교시험 공부를 도왔다. '특별 과외지도'를 한 것이다. 그 결과 도죠는 3수 끝에 육군대학교에 입교할 수 있었다. 그러나 군사과장 인사의 결과는 사가벌에 속한 야마시타가 발탁되고 도죠는 그 자리에 유임되었다. 이것이 후일 도죠와 야마시타 사이의 반목의 원인이 된다. 결국 야마시타는 태평양전쟁 개전 시에 말레이반도 상륙작전을 성공시켜 '국민적 영웅'이 되었으나, 뒷끝이 심한 당시 수상 도죠가 이를 불편하게 여겼다. 결국 야마시타는 이후 한직으로 돌다가 필리핀에서 패전을 맞이하여 전범으로 처형되었다.

오바타 후임의 작전과장에는 스즈키 요리미치(鈴木率道, 22기) 중좌가 임명되었다. 오바타가 처음 작전과장이 되었을 때와 같은 파격적인 인사였다. 결국 오바타와 스즈키, 그리고 아라키의 인사로 새로이 요직에 발탁된 마쓰우라 등과 사가벌 소속의 장교들이 아라키의 심복이 되

육군성 인사의 변화

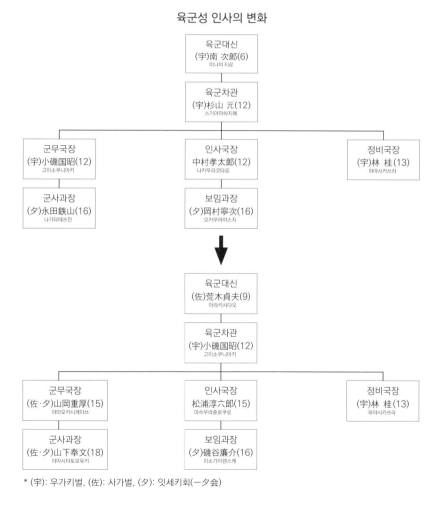

* (宇): 우가키벌, (佐): 사가벌, (夕): 잇세키회(一夕会)

어 서서히 형성되고 있는 「황도파」의 중심인물을 구성하게 된다.

우가키벌에 속한 아베 4사단장(전 육군차관)은 마사키 후임의 타이완군 사령관으로, 니노미야 참모차장은 히로시마의 5사단장, 스기야마 육군차관은 후쿠오카의 12사단장으로 나가고, 다테가와 참모본부 제1부장은 별다른 보직 없이 참모본부 근무로 발령났다. 밀려나지 않은 사람은 고이소 군무국장이 육군차관으로 승진한 것과, 하야시 육군성 정비국장이 유임된 정도였다. 니노미야 중장은 2년 뒤에 예편되었다. 표에서 볼 때에는 잇세키회 장교들의 성장에 따른 요직 진출은 눈에 띄지만 아라키의 인사에서 사가벌의 요직 진출은 그렇게 두드러지지 않았다. 그러나 내면적으로는 관례를 완전히 무시한 우가키벌 학살 인사로 군정 엘리트를 전면적으로 교체한 것이었다. 이후 계속된 아라키의 전횡은 당시의 상황을 수습하기는커녕 더 큰 화근을 남기고 말았다고 할 수 있다.

먼저 황족을 참모총장으로 임명한 데에 아라키의 계략이 있었다. 황족은 자칫 잘못하면 정치적으로 이용당할 수도 있으므로 항상 언행에 조심할 수밖에 없다. 더욱이 파벌 대립이 심해지고 있는 육군 내부에서는 모든 세력들이 참모총장을 자기 편으로 끌어들여 발언권을 강화하려고 한다. 이런 점을 우려하여 황족 참모총장은 실무를 직접 챙기지 않고, 관례에 따라 참모차장이 실질적으로 참모본부를 움직이게 된다. 따라서 아라키는 간인노미야를 '모셔다' 참모총장에 앉히고, 같은 사가벌의 동기생 마사키 중장을 참모본부의 실세인 참모차장에 임명하여 육군

아라키 사다오   간인노미야 코토히토

전체를 장악하려 한 것이다.

　한편, 인사라고 하는 것은 유능한 인물을 골라 중요한 자리에 앉히는 것으로 끝나지 않는다. 조직 내에서의 상호간 조화를 고려하지 않으면 안 된다. 이 문제가 바로 불거져 나왔다. 그것도 국방개혁과 나아가서 국가개조를 꿈꾸며 바덴바덴에서 맨 처음 모였던 나가타와 오바타의 관계이다. 나가타가 군사과장으로 있고 오바타가 2개월간 작전과장으로 있을 때 바로 문제가 터지기 시작했다. 1932년 2~3월의 일이다. 일본은 정부의 회계연도가 4월 1일 시작된다. 2~3월에는 신년도의 모든 계획을 수립·정리하는 기간이다. 신년도의 작전계획을 협의하는 자리에서 두 사람이 부딪히기 시작하였다. 문제의 핵심은 대소련정책이었

다. 나가타는 총력전 체제의 정비를 중요 과제로 생각하고 있었다. 따라서 당장은 소련과의 전쟁을 피하고 소련을 적당한 위압으로 견제하면서 총력전 태세를 갖추어 나가야 한다는 생각이었다. 그러나 오바타는 소련을 바로 공격해야 한다고 생각하고 있었다. 즉 개전론(開戰論)이다. 이는 오바타가 아라키와 개정한 「통수강령」과도 맥을 같이 하고 있다. '포위섬멸전을 통한 단기결전'으로 소련을 격멸한다는 구상이었다. 따라서 장기간에 걸쳐 많은 예산이 소요되는 총력전 체제의 정비는 필요하지 않다고 본 것이다. 그러나 오바타 작전과장이 제시한 신년도 계획에 대하여 나가타 군사과장이 조목조목 따지며 반대론을 펼쳤다. 오바타의 자존심이 크게 상처를 입었다.

바덴바덴의 또 한사람인 오카무라는 2월말 상하이파견군의 참모부장(参謀副長)이 되어 상하이로 부임하게 되었다. 제1차 상하이사변에 따른 일본군의 중국 파견인 것이다. 출발 전 오카무라는 아라키 육군대신과 마사키 참모차장을 찾아갔다. 곧 4월에 소장으로 진급하는 나가타와 오바타를 같은 부서에서 근무하지 않도록 배려해 달라고 부탁하였다. 그러나 결과는 그렇게 되지 못했다. 오카무라를 포함하여 세 사람 모두 소장으로 진급하였고, 문제의 두 사람은 나란히 참모본부의 제2부장과 제3부장에 보임된 것이다. 해외 정보를 수집·판단하는 제2부장이 운수·통신을 담당하는 제3부장보다 요직이다. 오바타에게는 계속 자존심 상하는 상황의 연속이었다.

그렇다고 해도 오바타의 행동에도 문제가 많았다. 오바타는 출근할 때 먼저 육군성에 들려 아라키 대신과 면담을 한 뒤 참모본부로 출근하였다. 육군성의 야마오카 군무국장을 제쳐놓고 자신이 군무국장인 것처럼 행동했다. 또 오바타의 후임 스즈키 작전과장은 작전 관련 중요 서류를 자신의 직속상관인 후루쇼 제1부장이 아닌 오바타 제3부장에게 먼저 보여주었다. 그러면 오바타가 이를 아라키 대신에게 보고하고, 그 다음에 아라키가 마사키와 협의하여 결정하는 비정상적인 패턴이 이루어지고 있었다. 참모본부에서 작전을 담당하는 책임자인 후루쇼 제1부장은 육군대신과 참모차장이 협의·결정한 내용을 맨 나중에 직속부하인 스즈키 작전과장으로부터 통보받는 '투명인간' 신세가 되었다. 오바타는 나가타와 협의할 때에도 작전 문제는 후루쇼 제1부장뿐 아니라 스즈키 작전과장의 이야기도 들어보라고 주문하면서 나가타를 견제하였다. 뿐만 아니라 운수·통신을 담당하는 제3부장으로서 아라키 육군대신과 직접 협의하여 만주에 작전철도를 착착 부설해 나갔다. 이러한 두 사람의 대립은 잇세키회는 물론 육군 중견층에까지 영향을 미쳤다.

5·15사건

1931년 12월 아라키 육군대신의 등장과 함께 '비상시(非常時)'라는 말이 세상에 회자하기 시작하였다. 수개월 전 만주사변이 일어났고, 만주사변을 전후하여 3월과 10월에 육군 내 사쿠라회 장교들을 중심으로 한 쿠데타 미수 사건도 있었다. 1932년 1월 8일에는 쇼와천황이 새해를 맞이하여 황궁 외곽에서 거행된 육군의 열병식에 참석하고 돌아가던 중 이봉창 의사가 던진 수류탄이 천황이 탄 마차 부근에서 폭발하는 사고가 일어났다. 일본에서는 이 사건을 사쿠라다몬(櫻田門) 근처에서 일어났기 때문에 '사쿠라다몬 사건'이라고 부른다. 이 사건의 책임을 지고 취임 1개월 된 이누카이 내각이 사표를 제출했으나, 반려되었다.

이 무렵 중국에서는 만주사변을 계기로 중국인들 사이에 배일감정이 극도로 높아지고 있었다. 결국 1월 28일 일본군과 중국군 사이에 군사 충돌이 일어났다. 제1차 상하이사변이다. 일본은 우선 1개 사단을 중국에 파견하였고, 이어 상하이파견군을 편성하여 2개 사단을 증파하였다. 상하이파견군 사령관에는 1928년 6월의 장쭤린 폭살사건으로 육군대신에서 물러나 군사참의관으로 있던 시라카와 요시노리(白川義則, 1기) 대장이 임명되었다. 일본군의 파견에 따라 압도적인 군사력을 배경으로 상하이 사태가 일단락되자 일본군은 전투를 중지하고 사태 수습에 들어갔다. 정전협상이 거의 마무리되어갈 무렵인 1932년 4월 29일, 일본 천황의 생일(당시에는 천장절(天長節)로 불렀음) 축하식이 상하이의

| 상하이 홍커우 공원 천장절 기념식 | 폭탄 투척 직후의 모습 |

왼쪽 사진 왼쪽으로부터 시라카와 육군대장, 시게미쓰 공사, 노무라 해군중장, 우에다 육군중장, 3함대 참모장 시마다 시게타로(嶋田繁太郎) 해군소장

홍커우(虹口)공원에서 열렸다. 시라카와는 이 기념식에 참석하였다가 윤봉길 의사가 던진 폭탄에 중상을 입고 1개월 뒤에 사망하였다. 이 자리에 함께 참석했던 일본의 고위 인사로, 당시 해군 제3함대 사령장관 노무라 키치사부로(野村吉三郎, 해병 26기) 중장은 오른쪽 눈을 잃었다. 육군 9사단장 우에다 켄키치(植田謙吉, 10기) 중장은 왼쪽 다리를 잃었다. 주중공사 시게미쓰 마모루(重光葵)는 오른쪽 다리를 잃었다. 후일 노무라는 예편하여 아베(阿部信行) 내각의 외무대신과 주미대사를, 우에다는 대장에 올라 조선군·관동군 사령관을 역임하였다. 외교관 시게미쓰는 도쿄·고이소 내각과 패전 후 항복문서 조인 때의 외무대신을 역임하였다.

이러한 엄중한 상황을 맞이하여 아라키는 육군성으로 하여금 대국민 홍보영화 「비상시 일본」을 제작시켰다. 그리고 스스로 영화에 출연하여 '비상시에 임하는 국민의 자세'를 강조하였다. 이러한 분위기 속에서 일어난 사건이 처음에 언급한 「5·15사건」이다.

그러나 사건의 계획과 진행 과정을 보면 이것이 과연 쿠데타인가? 하는 의문이 생기기도 한다. 먼저 사건에 사용한 무기는 권총 13정, 수류탄 21발, 단도 15자루 정도였다. 그리고 이 무기들은 군대에서 사용하는 것들이 아니고 민간을 통해 조달한 물건들이었다. 군인이 외출 시 무기를 휴대하고 나올 수 없었기 때문이었다. 거사일은 일요일이었고 일요일의 외출을 이용하여 민간에서 조달한 무기로 쿠데타를 해보자고 한 '소박한' 계획이었다. 수상관저를 습격한 군인들은 일단 계획대로 거사에 '성공'하였으나, 또 한 명의 제거 대상인 마키노 노부아키(牧野伸顯) 내대신(內大臣) 저택을 습격한 그룹은 지리멸렬이었다. 저택 입구에서 수류탄 2발을 던지고 경찰들에게 발포하여 부상을 입힌 뒤, 마키노 내대신은 살해하지 않고 경시청에서의 '결전'이 중요하다고 판단하여 경시청으로 향했다. 마키노는 안채에 있었기 때문에 저택 입구에서 일어난 소란을 몰랐다. 이들이 목표로 한 마키노는 내대신으로써 천황의 정치적 보좌역이었다. 천황의 국제협조 외교 노선 지지와 특히 런던 해군군축조약의 비준, 그리고 민정당 편향의 정치 자세 등이 마키노의 보좌에 의한 것이라고 군부가 불만을 품는 대상자였다. 바로 군부가 생각하는 '천황 측근의 간사한 신하(君側之奸)'였다.

마키노는 메이지유신의 3걸에 속하는 오쿠보 토시미치(大久保利通)의 차남으로 어렸을 적에 친척인 마키노 집안의 양자가 되었다. 가이세이(開成)학교(도쿄제국대학의 전신)를 중퇴하고 외무성에 들어가 영국

「5·15사건」 호외

대사관에 근무하였다. 그때 헌법제정 준비를 위해 영국에 온 이토 히로부미와 알게 되었고, 이후 정부 내에서 여러 직책을 두루 거쳤다. 1906년 문부대신을 역임하고, 1911년 농상무대신, 1913년 외무대신을 역임한 바 있는 경륜있는 정치가였다. 패전 후 수상이 되어 샌프란시스코 강화조약으로 일본을 독립시킨 요시다 시게루(吉田茂)가 그의 사위이다.

군인들이 수상관저와 내대신 저택 외에 습격하기로 했던 기관은 정우회 본부, 미쓰비시(三菱)은행 본점, 일본은행 등이었다. 그들은 건물 입구에서 수류탄을 던졌으나 일부는 불발탄도 있었고, 약간의 소동으로 끝났다. 그리고 그들이 '결전'으로 생각한 경시청으로 집결하였으나, 집결 시각이 각각 달라 경찰도 이렇다 할 대응도 하지 않았다. 이런 상황에서 군인들은 각자 헌병대에 자수하였다. 쿠데타로서는 매우 허접하기

짝이 없었다.

이누카이 수상의 사망으로 후임 수상에는 해군 온건파의 장로인 사이토 마코토(斎藤実, 해병 6기)가 임명되었다. 사이토는 당시 74세로 1906년부터 1914년까지 8년여간 연속 최장수 해군대신을 역임하고, 예비역으로 물러났다. 그 뒤 1919년 8월에 조선총독에 임명되었다. 한일합방 후 테라우치 마사타케(寺内正毅), 하세가와 요시미치(長谷川好道) 총독의 무단정치에 반발하여 일어난 3·1운동 이후 총독으로 부임하여 '문화통치'를 실시한 조선총독이다. 그는 조선총독도 1927년 12월까지 최장수로 8년 4개월간 재임하였다. 그 후임 조선총독에는 육군대신으로 군축을 감행하였던 야마나시가 임명되었으나, 총독부 내 측근의 수뢰사건으로 1년 8개월 만에 사임하는 사태가 발생하였다. 이때 사이토는 1929년 8월 두번째로 조선총독이 되어 1931년 6월까지 재임하다가, 우가키에게 총독직을 물려주고 귀국해 있었다.

사이토의 수상 임명 배경에는 정당내각에 대한 군부의 불만이 여전히 존재하고 있었기 때문에, 해군 온건파의 장로인 사이토를 이 상황을 수습해줄 적임자로 판단했기 때문이다. 사이토는 「조약파」에 속하는 국제파 해군으로 영어가 유창하며, 끈질긴 성격과 속마음을 잘 나타내 보이지 않는 신중한 인물이었다. 사이토 수상은 정우회와 민정당 소속 의원을 각료로 임명하여 거국내각을 구성하였다. 특히 대장대신에는 정우회의 다카하시 코레키요(高橋是清)를 유임시켜 적극재정을 통한 경제회복 정책을 지속시켜 나갔다. 다카하시는 비록 단명 내각이기는 하였지만 1921년 11월 하라 수상 암살 이후 7개월간 수상을 역임한 바 있는 재정 전문가였다.

또한 사이토 내각은 군부와의 관계도 원만히 유지하면서, 육군은 육군성과 참모본부의 거의 모든 요직을 유임시켰다. 단 「5·15사건」에 육군사관학교 사관후보생이 참여한 것에 대한 책임을 지고 무토 교육총감이 군사참의관으로 물러나고, 그 자리에 만주사변 때 조선군을 투입시켰던 하야시(林銑十郎) 조선군 사령관을 임명하였다.

또한, 국제연맹에서 만주사변의 뒷수습으로 만주 지역의 주권은 잠정적으로 중국정부에 있는 것으로 인정하면서 일본의 '세력권'으로 한다는 조정안이 제시되었다. 일본에게 그렇게 불리하지 않은 내용이었다. 그러나 만주문제에 강경파인 우치다 코사이(內田康哉) 외무대신이 이에 반발하였다. 1932년 8월, 이 문제를 심의하는 국회에서 우치다는 국회의원의 질문에 "나라가 초토가 되더라도 만주의 권익을 양보할 수 없다"고 잘라 말했다. 질문한 의원도 만주문제에 강경파로 유명한 모리 카쿠(森恪)였다. 그러나 모리도 우치다 외무대신의 너무나도 강경한 답변에 아연실색하여, 답변을 수정할 의향이 없는지 다시 질문하는 상황이 벌어졌다. 그럼에도 우치다는 자신의 강경 자세를 꺾지 않았다. 외교란 나라가 초토가 되지 않도록 하는 것이 그 임무가 아닌가?

결국 1932년 9월 일본은 만주와 일만의정서(日満議定書)를 체결하여 만주국을 승인하였다. 이 의정서에는 일본군의 만주 주둔과 만주국의 국방을 일본군(관동군)에 위임한다는 내용이 들어 있었다. 이에 따라

만주 주재 일본대사관이 설치되고 대사는 관동군 사령관이 겸직하게 되었다. 아울러 관동청의 장관도 관동군 사령관이 겸직하여 관동군 사령관은 만주에서의 일본의 모든 권력을 장악한 막강한 자리가 되었다. 그러나 국제연맹의 조정안을 거부하고 만주국을 승인한 일본에 대해 국제연맹은 만주에서 일본군의 철수 권고를 의결하였다. 이에 대해 일본은 1933년 3월 국제연맹을 탈퇴하였다. 그리고 후임 오카다 케이스케(岡田啓介) 내각은 1934년 12월에 워싱턴 해군군축조약을, 1936년 1월에는 런던 해군군축조약을 탈퇴함으로서 국제적 고립을 자초하였다.

「황도파」와 「통제파」

　　아라키 육군대신은 「5·15사건」 이후 사임할 생각이었다. 그러나 육군성의 야마시타(山下奉文) 군사과장, 이소가이(磯谷廉介) 보임과장 등이 아라키를 유임하도록 설득하여 그대로 눌러 앉혔다. 육군성의 막료들이 육군대신의 진퇴에 영향력을 행사하는 상황이 된 것이다. 그해 8월 만주사변 발발 1주년과 만주국 승인에 따라 아라키 육군대신은 관동군 수뇌부에 대한 인사이동을 단행하였다. 권한이 강화된 사령관에는 사가벌의 우두머리 무토(武藤信義) 전 교육총감이 5년만에 두 번째로 임명되고 혼죠는 군사참의관으로 전임되었다. 참모장에는 고이소(小磯国昭) 육군차관이 임명되었다. 고이소는 우가키벌 소속으로 육군성에서 아라키 육군대신과 야마오카(山岡重厚) 군무국장 사이에서 고립되어 있다가 더 견디지 못하고 스스로 격하(格下)를 자원하며 전임을 선택한 것이다. 후임 육군차관에는 사가벌의 야나가와 헤이스케(柳川平助, 12기) 중장이 임명되었는데, 야나가와도 야마오카 군무국장과 마찬가지로 군정 경험이 별로 없었다. 또한 관동군 참모장 밑에 참모부장(参謀副長) 직을 신설하여 상하이파견군 참모부장으로 있던 오카무라(岡村寧次) 소장을 임명하였는데, 모두들 오카무라를 고이소의 감시역으로 여겼다. 고급참모 이타가키(板垣征四郎)는 사령부 근무로 발령났으나 실제 역할은 만주국 집정(執政) 푸이(溥儀)의 고문이었다. 작전주임참모 이시하라(石原莞爾)는 본국의 참모본부로 이동되었다.

무토의 2번째 관동군 사령관 임명은 아라키 육군대신의 배려로 이루어진 인사였다. 사가벌의 우두머리인 무토는 육군 3장관 중 교육총감만을 역임하였고 1933년에는 정년이 되어 예편하게 된다. 이에 따른 사가벌의 약체화를 걱정한 아라키가 무토에게 원수 칭호를 줄 수 있는 계기를 마련하기 위하여 다시 한번 관동군 사령관에 임명한 것이다. 무토는 관동군 사령관에 부임한지 9개월만인 1933년 5월 초 '만주의 치안유지와 러허(熱河) 평정에 대한 공로'로 원수 칭호를 받았다. 관동군 사령관으로서는 유일한 원수였다. 아라키로서는 자신을 보호해주고 그 자리에 올 수 있도록 도와준 선배에 대한 '보은인사'였다. 그러나 무토는 원수의 지위를 제대로 누려보지도 못하고 7월말 지병으로 만주에서 사망하였다. 3개월짜리 원수였다.

　　한편 1932년 초 육군성 군사과장과 참모본부 작전과장으로 대소련 정책을 둘러싸고 대립했던 나가타와 오바타는 1933년에도 같은 문제로 대립한다. 육군 전(全)막료회의에서 '해빙기 대소련 개전론'이 검토되었다. 내용은 조기에 소련을 격퇴하는 것이 일본의 대륙건설의 전제가 된다는 주장이었다. 이는 아라키 육군대신도 참여하여 작성한 계획이었다. 이에 대해, 참모본부 제2부장 나가타는 '대중국 일격론'을 주장하며 반대하였다. 뿐만 아니라 육군성의 국장들도 나가타를 지지하여 아라키-오바타의 '대소 예방전쟁 계획'은 물거품으로 사라졌다. 결국 이 논쟁이 육군 내「황도파」와「통제파」대립의 발단이 된다. 이후 아라키는 그 추종자들을 중심으로 형성된「황도파」를 키워나가기 위해 지나친 당

나가타 테쓰잔 오바타 토시로

파적 행동을 서슴지 않았다. 따라서 이에 반발·대항하는 세력이 결집하여 「통제파」를 형성하게 되었고, 그 대립 양상도 점차 격화되기 시작하였다. 그 결과 나가타와 오바타는 8월 함께 참모본부를 떠나 각각 보병1여단장과 근위1여단장으로 전임되었다.

여기에서 대립이 격화되고 있는 「황도파」와 「통제파」에 대하여 좀 더 설명하기로 한다. 「황도」라고 하는 말은 아라키가 강연·훈시 등에서 '국군'을 「황군」으로 부르며, 「황도」 「황군」 「황국」 등의 용어를 남발한 데서 연유한다. 「황도파」란 「황도」 중심의 정신주의에 입각하여 국가혁신을 이루려는 집단을 의미한다고 할 수 있다. 이들은 정신을 중요시하기 때문에 경제정책 등은 중시하지 않는다. 중시하지 않는다기보다는 정치·경제 등은 정책보다는 이를 담당한 사람들에 달려있는 것이기 때문에, 정치나 경제가 잘되고 잘못되고는 그것을 담당한 사람의 인격·식견에 달려있다고 보고 있었다. 결국 조직보다 사람이 중요한 것이므로, 개혁이라는 것도 조직을 바꾸기보다는 사람을 바꿈으로써 가능하다는 생각이었다. 즉 이념을 가지고 직접 행동으로 국가를 개조하려는 경향을 보인다. 이념은 추상적이고 무제한적이며 초이성적인 성격을 갖는다. 또한 직접 행동하는 것이 중요하다고 보기 때문에, 여기에서 테러 사상도 나오게 되는 것이다.

반면 「통제파」는 군을 통제하여 국가혁신을 이루려는 집단이다. 조직에 의한 개혁, 즉 군이 중심이 되어 법·절차·관습의 개혁을 통한 국가개조를 지향한다. 궁극적으로는 히틀러의 수권법적 정권 획득을 목표로 하고 있었다.

「통제파」가 보기에 「황도파」는 발이 땅에 붙어있지 않고 공중에 떠서, 허황된 주장을 일삼는 무리로 보인다. 「황도파」에 대해 '국체론(国体論)이 밥 먹여주지 않는다'고 말해주고 싶은 기분을 가지고 있다. 반대로 「황도파」가 「통제파」를 볼 때에는 국가사회주의까지 수용하려는 '적색분자'로도 보일 수 있으며, '국체(国体)를 이해 못하는 역적'으로 보일 수도 있을 것이다.

두 파 모두 국가혁신을 목표로 하고 있으나, 그 방법에 있어서 차이를 보이고 있었다. 국가혁신에 있어서 이념과 조직은 모두 필요한 것이다. 문제는 양자의 균형이 무너졌을 때가 문제인 것이다. 이들 두 파의 대립이 점차 격화되고 있는 가운데 「황도파」 수뇌부의 위상에 변화가 오기 시작했다.

만주사변 이후 관동군의 움직임에 대해 불만을 가지고 있던 천황은 참모본부의 실세였던 마사키 참모차장을 여러차례 질책하였다. 마사키는 이를 만회해 보려고 다른 황족을 통해 '천황의 오해'를 풀어보려고 시도하였다. 그러나 이 행동이 오히려 천황의 비위를 거슬려 1933년 6월 군사참의관으로 물러났다. 그러나 대장으로 진급은 할 수 있었다.

아라키에게도 점차 어려운 국면이 다가오고 있었다. 1933년 6월에 오사카(大阪)에서 엉뚱한 사건이 발생했다. 오사카에 사령부를 두고 있는 4사단 8연대의 일등병이 휴일에 외출하여 전차를 타려고 횡단보도의 정지신호에도 불구하고 무단횡단을 했다. 교통정리 중이던 경찰이 메가폰으로 주의를 주고 파출소로 연행하였다. 그러자 이 일등병이 "군인은 헌병이 아니면 연행할 수 없다"고 반항하여 싸움이 벌어졌다. 연락을 받은 헌병대가 일등병을 데려갔다. 얼마 후 헌병대는 "일반 시민이 보는 앞에서 군복을 입은 제국군인에게 모욕을 준 것은 용서할 수 없다"고 경찰서에 항의하였다. 이 사건이 점차 상부로 확대되어 급기야 아라키 육군대신까지 나섰다. 아라키는 "육군의 명예를 걸고 오사카 경찰로부터 사과를 받아내겠다"고 허풍을 떨었다. 이에 대해 내무대신은 사죄는커녕 일등병을 기소해버렸다. 결국 이 사태는 천황의 특명에 따라 오사카와 인접한 효고현(兵庫県) 지사의 중재로 겨우 수습되었다. 이런 정도의 일에 육군대신이 나서서 '육군의 명예' 운운하며 소란을 떠는 아라키의 처신을 다시 생각하게 하는 사건이었다. 이 사건을 일본에서는 '고스톱 사건'이라고 부른다. 같은 해 10월 아라키는 외신기자들과의 기자회견에서 "죽창 300만자루만 있으면 열강(강대국)도 무서울 것 없다"고 말해 기자들을 어리둥절하게 만들기도 했다. 이 시대에도 죽창을 사랑하는 사람이 있었다.

육군 예산의 확보에 있어서는 언제나 다카하시 대장대신에게 밀렸다. 재정 전문가인데다 전직 수상 경험자의 정치 수완에 아라키는 상대가 되지 못했다. 이러한 아라키에 대해 육군성의 막료들이 고개를 돌리기 시작했다. 1933년 10월에는 군부의 행동 방침과 이에 따른 외교·재정 정책의 조정을 위한 5상(五相)회의가 열렸다. 수상을 비롯 육군·해군·외무·대장대신으로 구성된 회의였다. 여기에서 아라키는 1935~36년 위기설을 거론하며 대규모의 군비확충을 주장하였다. 그러나 이 회의에서 군비확충도 재정상태를 고려하여 추진해야 한다는 것과, 외교는 국제협조를 기본으로 중국·미국·소련과의 친선관계를 증진시켜 나가야 한다는 점을 확인하였다. 결국 육군성의 정책이 완전히 거부되었고 예산도 해군성에 뺏기는 결과를 초래하였다. 아라키는 정치적 패배를 인정할 수밖에 없게 되었다. 지금까지 군정을 주도해온 우가키벌을 배격하고 새로운 군정 라인을 구축해 자신들의 구상을 펼쳐보려 하였으나 모든 것이 호락호락하지 않았던 것이다.

게다가 아라키에게는 육군대신에 임명 당시의 기대, 즉 불온한 생각들을 가진 청년장교들을 진정시켜 자중하도록 해야하는 역할도 있었다.

이는 「황도파」의 우두머리로서 자신이 키우고 한편으로는 이용해 온 과격파 청년장교들에 대한 태도를 애매하게 만들었다. 아라키의 인기는 점차 하락하였고, 결국 1934년 1월 건강문제를 핑계로 사임하여 군사참의관으로 물러났다.

아라키나 마사키는 육군의 수뇌부로서 전체 육군을 통솔해 나가기보다는 자신들의 파벌인 「황도파」의 세력 확대와 유지에 급급하였다. 아라키 육군대신은 군정 담당 막료들로부터 함량 미달의 평가를 받았고, 인사의 대부분도 오바타의 지략에 따른 것이었다. 결국은 나가타와 오바타의 대립에 말려든 꼴이 되고 만 것이다.

중심없는 육군대신과 「황도파」의 폭발

후임 육군대신에는 하야시 센쥬로 교육총감이 임명되었다. 아라키는 같은 「황도파」이면서 동기인 마사키 군사참의관에게 육군대신 자리를 넘겨주려 하였다. 그러나 간인노미야 참모총장이 자신을 허수아비 총장으로 만든 마사키를 싫어하였다. 간인노미야가 "마사키는 안심할 수 없다"고 반대하여 하야시가 육군대신이 된 것이다. 마사키는 교육총감으로 이동되었다. 파벌 대립이 격화되고 있는 육군에서 이렇다 할 세력기반을 갖지 못한 하야시는 아라키와 마사키가 속한 사가벌과 좋은 관계를 유지해 왔다. 그러나 육군대신 임명을 둘러싸고 두 사람 사이에 균열이 생기기 시작하였다. 또한 하야시도 마사키와 어느 정도 거리를 두기 위해 간인노미야 참모총장과 같은 기병(騎兵) 출신인 미나미(南次郞) 전 육군대신 계열의 세력들과도 가까운 관계를 유지할 필요가 있었다. 또 중견 참모들로부터 압도적 지지를 받고 있는 「통제파」의 리더 나가타 세력의 지지를 필요로 했다. 따라서 하야시는 대신 취임 후 한 달여 만에 보병1여단장 나가타 소장을 군무국장으로 불러들였다. 이런 배경에서 이루어진 나가타 군무국장의 등장이 「황도파」들을 자극하게 되었다.

나가타 군무국장은 취임하자마자 소련과 북만주철도 매입 문제를 적극적으로 추진하였다. 나가타는 일본은 아직 총동원 체제가 정비되어 있지 않은 데다, 소련이 추진하고 있는 5개년 계획에 자금이 부족한 상태였으므로, 소련이 소유하고 있는 북만주철도를 일본이 매입하자고 주장하였다. 그렇게 하여 소련에 어느 정도의 자금을 제공해주고, 이를 통하여 만주문제의 해결과 소련에 대한 정략적 접근을 하면서 시간을 벌어 보자는 생각이었다. 그러나 아라키-오바타 등 「황도파」들은 소련의 5개년 계획이 끝나는 1936년을 주시하면서 '1936년 위기설'을 주장하였다. 그들은 1936년을 소련이 일본에 대해 군사적 행동을 보일 수 있는 시기라고 보았다. 따라서 지론인 소련과의 전쟁을 준비해야 한다고 대립각을 세웠다. 「황도파」들은 소련과 군사적으로 충돌할 경우, 일본이 바이칼호 부근까지 진격하면 북만주철도는 자연히 일본 것이 되므로 비싼 돈을 지불하고 살 필요가 없다고 주장하였다. 그리고 총동원 체제 확립을 위한 군수공업의 육성 정책은 재벌에 대한 이권배분이 되고 말 것이라고 비판하였다. 이 북만주철도 매입 문제가 나가타와 오바타의 관계를 결정적으로 틀어지게 만들었고, 「황도파」와 「통제파」의 대립을 더욱 격화시켰다.

한편 1934년 1월 사이토 내각은 예기치 않은 사건에 휘말리게 된다. 세계 공황의 여파로 도산한 스즈키(鈴木)상점의 계열사인 테이진(帝人: 帝国人造絹糸주식회사)의 주식이 타이완은행의 담보로 되어 있었다. 그런데 테이진의 영업실적이 호전되면서 증자를 하게 되었고, 따라서 주가가 크게 상승하였다. 이 주식의 처분을 둘러싸고 사이토 내각의 일부 인사들과 정치인들이 수뢰에 연루되었다는 소문이 언론에 보도되기 시작하였다. 결국 이 사건이 발단이 되어 사이토 내각은 7월 총사직하고 말았다. 그러나 이 사건의 배후를 둘러싸고는 정계의 음모였다는 설이 유력하다.

후임 수상에는 사이토와 같은 해군 온건파의 오카다 케이스케(岡田啓介, 해병 14기)가 임명되었다. 오카다는 다나카(田中義一) 내각에서 해군대신을 역임하고 군사참의관으로 물러나 있다가 사이토 내각에서 다시 해군대신에 임명되었다. 그러나 1933년 1월 정년으로 예비역이 되면서 대신도 물러난 상태였다. 그러나 사이토 내각이 돌연 총사직하게 됨에 따라 사이토의 노선을 지속해줄 수 있는 인물로서 오카다가 수상에 오르게 된 것이다.

오카다가 수상에 취임하고 얼마 되지 않은 11월 「육군사관학교 사건」이 일어났다. 「황도파」의 청년 장교들과 육군사관학교 사관후보생들이 쿠데타를 모의했으나 미수에 그친 사건이다. 이를 계기로 「통제파」의 마사키 교육총감에 대한 배제 움직임이 힘을 얻게 되었다. 이듬해인 1935년 7월 육군 3장관회의 직전 오카다 수상은 하야시 육군대신에게 "내각이 무너져도 좋으니 마사키 만은 쫓아내라"고 부탁하기도 하였다. 그러나 이 회의에서 마사키가 사임을 거부하였다. 결국 마사키를 파면하고 후임에 군사참의관 와타나베 죠타로(渡辺錠太郎, 8기) 대장을 임명하는 인사안을 결정하였다. 이 인사안은 즉시 천황에게 상주되어 재가를 받았다. 이어 열린 군사참의관 회의에서 아라키는 1931년의 「3월 사건」에 나가타가 관여하였으며, 나가타가 군의 통제를 문란케 하였다고 주장하고 나섰다. 양 파벌의 대립이 정점에 이르게 된 것이다.

이렇게 되어 물러나게 된 마사키가 쇼와천황에게 사임 인사를 하기

하야시 센쥬로   마사키 진자부로

위해 황궁에 들어갔다. 「황도파」와 가까운 시종무관장(侍從武官長) 혼죠 시게루(本庄繁: 전 관동군 사령관)가 쇼와천황에게 마사키의 입장을 조금이나마 변호하려 하였다. 그러자 천황은 "마사키의 행동은 매우 비상식적이고, 가토(加藤寬治: 런던 해군군축조약에 반대하여 사임한 해군군령부장) 해군대장과 같은 부류아닌가?"라고 말했다고 『혼죠일기(本庄日記)』에 기록되어 있다. 쇼와천황은 마사키에게 "그동안 수고하였네"라는 의례적인 격려 말도 하지 않았다고 한다.

　여하튼 이 인사의 실행에 앞서 하야시 육군대신은 마사키 교육총감 경질을 포함한 인사안을 마사키 본인에게 미리 보여주며 "이번 인사는 미나미 관동군 사령관과 나가타 군무국장 등 막료들의 주장에 따른 것이지, 전혀 나의 생각은 아니다"라고 변명하였다. 또 나가타 군무국장의 전임 군무국장으로 사가벌 소속인 야마오카 육군성 정비국장에게는 "마사키의 경질은 미나미와 나가타의 공작과 간인노미야 참모총장의 측근들이 참모총장을 부추겨서 일어난 것이고, 그들은 아예 마사키를 예편시키려 하였지만 자신이 간신히 교육총감에서 물러나는 선에서 막았다"고 말하기도 했다. 인사 책임자인 육군대신이 인사안에 대해 자신의 의도가 아니라 주위의 요구가 심해서 어쩔 수 없이 시행하는 것이라는 변명이다. 반대파와 참모의 뒤로 숨는 행태, 조직의 리더로서는 최악이다.

당시의 육군 인사권은 육군대신이 가지고 있었고, 인사국장과 보임과장이 이를 보좌하였다. 그리고 대좌급인 육군성·참모본부의 과장이나 연대장 인사는 잇세키회가 실질적으로 움직이고 있었다. 그러나 잇세키회가 분열되는 과정에서 무리한 인사가 행해지고 파벌 간 격렬한 투쟁과 하극상 풍조가 횡행하게 되었다.

더욱이 이 인사에 불만을 품은 마사키는 자신의 사임 경위를 청년장교들에게 흘렸다. 이에 자극 받은 「황도파」 청년 장교들이 「통제파」를 비판하는 괴문서를 만들어 배포하였고, 결국은 관련자들이 징계를 당하는 사태로까지 번졌다. 급기야 1개월 후인 8월 12일 히로시마(広島)의 5사단 41연대 소속의 아이자와 사부로(相沢三郎, 22기) 중좌가 행동에 나섰다. 마사키 교육총감의 해임과 괴문서를 배포한 장교들의 징계에 격분, 도쿄의 육군성 군무국장실을 찾아가 나가타를 군도(軍刀)로 살해하는 참극을 일으켰다. 근무시간인 오전 9시 45분에 일어난 사건이었다.

이 사건으로 하야시 육군대신이 물러났다. 후임 육군대신으로는 1개월 전 교육총감이 된 와타나베(8기) 대장, 군사참의관 가와시마 요시유키(川島義之, 10기) 대장, 조선군사령관 우에다 켄키치(植田謙吉, 10기) 대장, 도쿄경비사령관 니시 요시카즈(西義一, 10기) 대장 등이 거론되었다. 그 중에서 어느 파에도 속하지 않은 무난한 인물로 평가되는 가와시마가 육군대신에 임명되었다. 아이자와 사건을 계기로 기강확립에 나선 육군성은 9월부터 10월 사이에 대대적인 물갈이 인사를 실시하였다. 육군차관·군무국장·인사국장·군사과장·보임과장 등 중요 보직이 교체되었다. 그러나 군사과장과 보임과장은 여전히 잇세키회 소속이 차지하고 있었다.

1935년 육군성 주요 보직의 변화

직책	전임자	육사	계급	전출지	신임자	육사	계급
육군대신	하야시 센쥬로 (林 銑十郎)	8기	대장	군사참의관	가와시마 요시유키 (川島 義之)	10기	대장
육군차관	하시모토 토라노스케 (橋本 虎之助)	14기	중장	참모본부	후루쇼 모토오 (古莊 幹郎)	14기	중장
군무국장	나가타 테쓰잔 (永田 鉄山)	16기	소장	사망	이마이 키요시 (今井 淸)	15기	중장
인사국장	이마이 키요시 (今井 淸)	15기	중장	군무국장	우시로쿠 쥰 (後宮 淳)	17기	소장
군사과장	하시모토 군 (橋本 群)	20기	대좌	진해만 요새사령관	무라카미 케이사쿠 (村上 啓作)	22기	대좌
보임과장	고후지 사토시 (小藤 恵)	20기	대좌	1연대장	가토 모리오 (加藤 守雄)	24기	대좌

1929년 5월 중견장교들이 잇세키회를 결성하면서 "아라키·마사키·하야시 3장군을 모시고 올바른 육군을 재건한다"고 결의한 지 10년도 되지 않아 3명의 장군이 육군의 최고위직에 올랐다. 그러나 마사키와 하야시가 인사를 둘러싸고 사투를 벌이는 상황이 되었다. 또한 나가타와 오바타의 대립과 결별로 시작된 파벌 투쟁은 나가타의 피살이라는 참극을 일으키면서 격화일로를 치닫고 있었다.

한편, 1935년 11월 다음해 예산편성 방침을 협의하는 각료회의에서 다카하시 대장대신은 앞으로의 재정정책에 대해 설명하였다. 지금까지 세계공황 이후의 경기침체를 적극재정으로 어느 정도 회복시켰으니, 앞으로 예상되는 인플레의 억제에 초점을 두겠다고 언명하였다. 적극재정에서 긴축재정으로 전환하겠다는 것이었다. 따라서 각 성의 예산 요구액이 대폭 삭감되었다. 그럼에도 다카하시는 육·해군 예산 삭감액 중 각각 1천만엔만을 증액해 주었다. 그러나 가와시마 육군대신은 이에 만족하지 않고 4천만엔의 증액을 요구하고 나섰고, 해군대신도 이에 편승하여 예산 증액을 요구하고 나섰다. 이에 대해 다카하시는 두 대신에게 훈계조로 말하였다. "예산은 국민소득에 맞추어 편성하지 않으면 안된다. 오직 국방만이 변함없이 재정신용도를 무시하면서 악성 인플레를 조장하려 하는 것은 있을 수 없다. 나는 어려운 재정상황에서도 불구하고 각 1천만엔씩 증액해 주었는데 더 이상의 증액 요구는 받아들일 수 없다." 대장대신으로서 긴축재정 하에서 국방예산을 억제하려고 한 것이 군부의 반감을 사게 되었다.

오카다 내각이 부딪힌 또 하나의 어려운 문제는 군부와 우익의 목소리가 커짐에 따라 튀어나온 「천황기관설」(天皇機関説) 문제였다. 「천황기관설」은 일본헌법 제정 이후 학계의 통설로서 인정되어 온 학설이다. 국가의 통치권은 법인(法人)인 국가에 귀속된다는 국가법인설에 기초하여, 천황은 국가의 모든 기관 중에서 최고의 위치를 점한다는 학설이다. 이는 천황의 신격(神格)적 초월성을 부정하는 내용이다. 당시 귀족원에는 도쿄제국대학 법학부의 교수로 있다가 귀족원 의원이 된 미노베 타쓰키치(美濃部達吉)가 있었다. 물론 미노베도 「천황기관설」을 주창한 학자였다. 그냥 학자가 아닌 당시 일본 최고의 헌법학 권위자였다. 귀족원에는 귀족이 아닌 사람 중에서 칙선(勅選)으로 귀족원 의원이 되는 제도가 있었다. 국가공로자나 권위있는 학자, 대신 등을 역임한 고위 관료, 군 수뇌를 역임한 군인, 여기에다 고액납세자 등이 칙선 귀족원 의원이 될 수 있다. 미노베도 귀족의원이 아닌 칙선의원이었다.

　　이 미노베 의원에게 원래 귀족 출신인 군인 기쿠치 타케오(菊池武夫, 육사 7기, 예비역 중장) 남작의원이 1935년 2월 귀족원 본회의에서 「천황기관설」을 문제삼았다. 그는 「천황기관설」은 '국체에 반하는 완만(緩慢)한 모반'이라고 주장하며, 미노베를 '학비'(学匪: 역적 학자)라고 비난하였다. 이를 계기로 군부와 우익들이 「천황기관설」을 비난하고 나섰다. 이를 '국체명징(明徵: 명확히 밝힘)운동'이라고 부른다. 며칠 후 미노베가 귀족원 본회의에서 「천황기관설」에 대하여 알기 쉬운 내용으로 설명하였다. 이 설명을 들은 기쿠치는 "그런 것이라면 괜찮지"라고 중얼

一身上ノ都合有之貴族院議員辭職
仕度候間可然御執奏驚下度此段奉願候

昭和十年九月十八日

貴族院議員美濃部達吉

辭職願

私儀

貴族院議長公爵近衛文麿殿

미노베의 귀족원 의원 사직서(昭和十年은 1935년)

거렸으나, 얼마 후 다시 미노베를 비판하는 질문을 하였다. 당시 일반인이 「천황기관설」을 제대로 이해하는 것은 무리였다. 이 논쟁 과정에서 일부 우익단체는 이 내용을 전혀 이해하지 못하고 미노베에 대하여 "천황폐하를 기관총에 비유하는 것은 용서 못한다"고 흥분했다고 한다. 그 정도의, 그 수준의 시대였다. 결국 미노베는 귀족원 의원를 사임하였고, 그의 저서도 발매금지가 되었다. 내 생각과 다르면 모두 '악'(惡)으로 보는 사상의 암흑시대가 시작된 것이다.

이러한 국내의 갈등 속에서 관동군은 활동범위를 만주에 국한하지 않고 중국으로 점차 확대해 나갔다. 1934년 겨울부터 1935년 1월까지 중국군과 일본군 사이에 소규모의 충돌이 발생하였다. 일본군은 이 지역에서 항일세력을 뿌리 뽑을 필요가 있다고 생각하였다. 이를 통하여 장제스(蔣介石)의 국민정부 지배력을 배제하고 일본의 경제적 권익을 확대하고자 하였다. 만주로는 부족하여 화북(華北)지방까지 일본의 영향력 안에 넣으려 한 것이다. 이에 따라 1935년 봄부터 화북지방을 중국에서 분리시키려는 공작을 추진하였다. 이 공작을 실질적으로 주도한 사람은 관동군 참모부장(参謀副長) 이타가키 세이시로(板垣征四郎, 16기) 소장과 관동군사령부 소속으로 펑톈특무기관장(奉天特務機関長)인 도이하라 켄지(土肥原賢二, 16기) 소장이었다. 그러나 이 공작은 계획대로 추진되지 못하고 일부 지역에 친일적 괴뢰 자치정권을 세우는데 그쳤다. 일본 외무성은 중국문제의 해결을 위하여 군부 강경파의 의향을 수용하여 히로타 코키(広田弘毅) 외무대신이 '히로타 3원칙'을 중국에 제안하였다. 그러나 이 제안은 중국 측으로부터 거부되어 성과를 거두지 못하고 말았다.

일본정부는 1936년 초 '북지(北支: 북부 중국)처리요강'을 각의에서 결정하고, 화북 분리 방침을 국책으로 결정하였다. 중국에는 1900년 발생한 의화단의 난을 진압하기 위해 일본과 구미제국의 군대가 파견되어 있었다. 이를 계기로 일본은 계속하여 일본의 외교 공관과 일본인의 보호를 명분으로 중국에 10개 중대(약 2000명)의 일본군을 주둔시키고 있었다. 이 부대를 청국(清国)주둔군이라 불렀다. 이 부대는 청나라 멸망 후인 1912년에 지나(支那)주둔군으로 개칭되었다. 일본은 신해혁명 후 중국에 수립된 중화민국이 확실한 정부를 수립하지 못하고 군벌 세력들에 의해 분할되자, 중화민국이 표방하고 있던 영역 전체(몽골, 티벳 포함)를 중화민국으로 인정하지 않는다는 의미로 '지나'라는 표현을 썼다. '지나'의 어원은 '진(秦)'의 외국어 표기 'Chin'에서 왔으며, 일본어

발음으로는 '시나'이다. 따라서 '지나'라는 말에는 중화민국을 인정하지 않으려는 의도와 중국을 멸시하는 감정이 포함되어 있다. 하지만 이 책에서는 부대 이름 등 고유명사인 경우에는 '지나'라는 표현을 그대로 사용한다.

본론으로 돌아와서, 일본은 1936년 4월 지나주둔군을 혼성여단(약 5000명) 규모로 증강시켰다. 사령관은 소장에서 중장으로 하고, 천황이 직접 임명하는 보직으로 격상시켰다. 그 후 각지에서 일본군과 중국군의 작은 충돌이 계속되는 가운데 그해 말에 시안사건(西安事件)이 발생하였다. 이러한 혼란 속에서 1937년 7월 루거우차오사건(蘆溝橋事件)으로 일본은 중국과 전면전쟁에 돌입하게 된다.

엘리트 장교와 '청년장교'

육군 내에 파벌과는 다른 또 하나의 집단인 육군대학교('육대'로 약칭) 출신 장교에 대하여 살펴보기로 한다. 육대는 육군의 참모 양성을 목적으로 1883년 개교하였다. 육군사관학교 출신 중 선발된 장교들이 입교하여 약 3년간 교육을 받는다. 1885년 3월에는 프로이센의 몰트케(H. Moltke) 참모총장의 추천으로 메켈(K. Meckel) 소좌가 교관으로 부임하여 3년간 일본 장교들의 교육을 담당하였다. 초창기(7기까지)는 10명 내외, 8-12기는 20명 내외가 입교하였고, 21기(1906년 입교)부터 중일전쟁 다음 해인 1938년 입교생(53기)까지는 50명 내외가 입교하였다. 그 이후는 점차 입교생 수가 늘어나 1943년 12월에 입교한 59기는 최고 199명을 기록하였고, 1945년 2월에 입교한 60기 120명이 마지막 육대생이 되었다. 평균적으로 육군사관학교 졸업자의 10%가 육대에 입교할 수 있었다.

육대에 입교 자격은 육군사관학교를 졸업한 장교 중 일선 부대에서 2년 이상 근무한 소위·중위 중에서, 실질적으로는 중위 중에서 선발된다. 대위로 진급하면 입교 자격을 상실하게 된다. 육대에 입교한 장교들은 교육 중 대위로 진급한다. 따라서 중위로 근무하는 기간에 육대에 입교할 수 있느냐가 군에서 출세할 수 있는가를 결정짓는 기로가 된다. 육대 졸업자는 지금까지의 육사 졸업성적에 따른 서열에 관계없이 육사 동기 중 선두 그룹이 된다. 육대생의 한 기는 육사 졸업 기수로 6-7기생

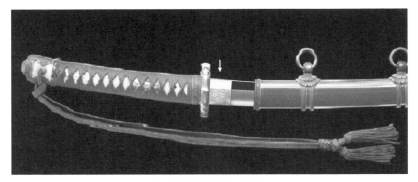

은사(恩賜)의 군도(軍刀)

칼 손잡이의 안쪽에 '어사(御賜: 군주로부터 받음)'라고 새겨있다.

이 함께 교육받게 된다. 다시 말해 육사 동기생 중 육대에 입교하는 시기는 제일 빠른 사람과 막차를 탄 사람과 6-7년의 차이가 난다. 이들 육대 졸업자의 서열은 육대에서의 성적이 결정하게 된다. 육대를 졸업할 때, 성적에 따라 수석졸업자 1명과 성적우수자 5명에게는 천황으로부터 '은사(恩賜)의 군도(軍刀)'가 하사된다. 이들을 '온시구미(恩賜組)'라고 부른다. 육군대장에 진급하려면 육대 졸업성적이 10위 안에 들어야 한다는 것이 일반론이다. 예외도 꽤 있지만. 육대 졸업식에는 항상 천황이 참석하며, 수석졸업자는 천황 앞에서 40분간 '어전(御前) 강연'을 하게 된다. 육사 19기로 육대 27기(1915년 12월 졸업) 수석졸업자였던 이마무라 히토시(今村均)는 졸업식에서의 강연 원고를 모두 암기하여 원고 없이 강연했다고 한다.

관동군사령관으로 원수까지 올랐던 사가벌의 우두머리 무토 노부요시는 13기(1899년 졸업) 수석이었고, 황도파 육군대신 아라키는 19

기(1907년 졸업) 수석, 황도파 교육총감 마사키는 19기 우등, 패전 당시 참모총장이었던 우메즈 요시지로(梅津美治郎, 육사 15기)는 23기(1911년 졸업) 수석, 통제파 군무국장으로 재임 중 살해당한 나가타(육사 16기)는 23기 우등으로 졸업하여 '온시구미'가 되었다.

육대 출신자 중 대장까지 진급한 사람은 6%, 중장까지 진급한 사람은 38%, 소장까지 진급한 사람은 34%로 78%가 장군이 되었다. 육사 졸업자 중 소장에 진급한 마지막 기수는 1921년 임관한 33기이다. 이들은 1945년 3월과 6월에 2차례에 걸쳐 소장에 진급하였다. 물론 이 기수 이하에서도 소장 진급자가 있으나 그들은 전사 등에 따른 사후(死後) 진급자들이다. 이 1기에서 33기까지의 육사 졸업자(17,574명) 중 황족이나 사후 장군 진급자를 제외하고 장군에 오른 사람은 2,476명(14%)밖에 되지 않는다. 이 중 육대를 나오지 않고 장군에 오른 사람은 1,123명(6.4%)이다. 장군 중 약 45%가 육대를 나오지 않은 장교이다. 이 숫자로 보면 장군 진급에 있어 육대 출신자와 육대를 나오지 않은 장교 간에 차별이 없는 것처럼 보일 수 있으나. 육대 졸업자가 육사 졸업자의 10%인데 반하여 78%가 장군에 오른 것을 감안하면 엄청난 차이가 있는 것이다. 육대 출신자 수가 적기(10%) 때문에 장군 진급자 안에서 차지하는 비율이 높지 않게 보이는 것일 뿐이다. 육대를 나오지 않고 장군에 진급한 장교 중 대장까지 오른 사람이 1명, 중장이 181명(16%), 나머지 941명(84%)이 소장이다. 즉 육대를 나오면 웬만하면 장군이 될 수 있고, 그것도 중장 정도까지 오를 수 있으나, 육대를 나오지 않은 장교

텐포통보와 육대 휘장

들에게는 장군이 되는 것이 하늘의 별 따기이고, 그것도 거의 소장으로 그치며, 실제적으로는 소장 진급과 함께 예편된다.

　육대 출신들은 졸업 휘장을 군복에 달고 다녔다. 휘장의 모양이 세로로 길쭉한 텐포센(天保錢)과 비슷하다고 하여 육대 출신자들을 '텐포센구미(天保錢組)'로 불렀다. 텐포(天保)는 120대 닌코(仁孝)천황(메이지천황의 할아버지) 시대인 1830-1844년 사이에 사용된 연호이다. 텐포센은 1835년에 만들어져 유통된 엽전, 텐포통보(天保通宝)를 말한다. 텐포통보는 이전까지의 엽전이 원형이었는데 비해 타원형이고, 메이지 24년(1891년)까지 유통되었다. 이 텐포센 모양의 졸업 휘장을 단 장교들은 일본 육군의 최고 엘리트로 어깨에 힘을 주고 다녔으며, 여타 장교들의 선망과 질시의 대상이 되었다. 육대를 나오지 못한 장교들은 자조적으로 '무텐구미(無天組)'로 불렀다.

　이 '텐포센구미' 장교들과 '무텐구미' 장교들의 군 생활은 크게 다르다. '무텐구미' 장교들은 군 생활의 거의 전부를 '부대배속' 장교로 불리는 일선 부대 장교로 근무한다. 신병들을 대상으로 하는 별도의 훈련소가 없으므로, 모든 일선 부대에서 부대배속 장교들이 그 지역으로부터 입대한 신병들의 교육·훈련을 담당하게 된다. 이들은 대부분 중좌로 군 생활을 마친다. 이들의 희망이 대좌로 진급해 연대장 한번 해보는 것이다.

그러나 '텐포센구미' 장교들은 육대 졸업 이후 육군성·참모본부·교육총감부의 3기관에서 근무하며 고위직에 오르게 된다. 육사를 졸업하고 같은 부대에서 근무하던 동기생이 육대에 입교하여 3년간 교육받고 가슴에 '텐포센' 휘장을 달고 돌아와 서로 축하하며 지내는 것도 잠깐, 중대장으로 1년 정도 근무하고 상부의 3기관으로 떠난다. 어쩌다 참모본부의 부대검열반 수행원이 되어 어깨에 참모 장식을 달고 나타난 동기생은 이제 더 이상 한솥의 밥을 먹던 옛날의 친구가 아니다. 한 계단 높은 곳에서 부대배속 장교들을 내려다보며 부대 운영과 신병 교육에 있어서의 미비점과 시정사항을 조목조목 지시한다. 그리고 과거의 동기생은 그 지시를 열심히 받아적어 시행해야 하는 관계임이 명확히 드러난다.

이들도 좌관(佐官) 장교를 12-13년 거치게 되는데, 이 기간에 일선 부대에서 근무하는 기간은 2-3년에 지나지 않는다. 그것도 소좌 때 대대장으로, 대좌 때 연대장으로 근무하는 것이 전부이다. 따라서 2-3년간 일선 부대에서 젊은 사병들과 생활하는 것으로는 사병들의 기분이나 병영생활의 어려움을 알기에는 너무 부족하다. 또한 사관학교 때의 일반 사병들과 경험한 내무반 생활은 너무 오래전 일이다. 게다가 이들은 진급도 빠르다. 육사 동기생들 중 선두 그룹으로 진급한다. 동기 뿐 아니라 '무텐구미' 선배 장교들을 추월하며 진급하게 된다.

한편, 군 생활 대부분을 젊은 사병들과 지내는 '무텐구미' 부대배속 장교들 중 일부가 군의 개혁과 나아가서 국가개조운동에 나섰다. 이들을 '청년장교'로 부른다. 단순히 연령상의 구분이 아니라 사회적으로 역사적으로 특별한 의미를 갖는 '청년'이다. 이들의 마음 속에는 육대 출신 장교들과의 차별에서 오는 불만과, 매일 함께 생활하는 사병들의 가정환경 등 당시 일본이 처한 사회·경제적 폐색(閉塞) 상태에 대한 탈출 방안으로서 국가개조운동을 모색하게 된 것이다.

이들은 잇세키회(一夕会)·사쿠라회(桜会) 또는 「황도파」·「통제파」장교들과는 달리 육대 출신이 아닌 부대배속 장교들이라는 점이다. 이들의 관심은 만몽문제의 해결이나, 군내 파벌대립의 문제가 아니었다. 매일 함께 생활하는 사병들이 처해있는 사회·경제적 환경, 즉 농촌의 피폐에 있었다. 이러한 관점에서 국내의 정치와 경제문제를 개혁하여, 나아가서 국가개조를 생각하고 있었던 것이다. 특히 이들은 「통제파」가 주장하고 있는 총동원체제의 수립에 절대 반대하고 있었다. 총동원체제를 수립하기 위해서는 군수공업 진흥을 위한 중화학공업에의 투자가 우선시 되어야 한다. 그렇지 않아도 세계공황의 여파로 피폐한 농촌을 그대로 내던진 채 중화학공업에 주력한다면 농촌과 농민들은 회복할 수 없는 상태로 무너지고 말 것이다. 이는 농민의 아들들인 사병들의 가정

환경이 송두리째 붕괴되는 것을 의미하기 때문이다. 1933년 11월 육군 장교클럽에서 회의가 있었다. 「황도파」·「통제파」의 중심 장교들도 참석 하였다. 회의 중 참모본부 제2부에 근무하는 「통제파」의 무토 아키라(武 藤章, 육사 25기, 육대 32기 우등) 중좌가 청년장교들에게 "자네들은 멋 대로 정치운동을 하지 마라. 자네들이 생각하는 국가개조나 혁신은 우 리들 육군성과 참모본부가 중심이 되어 할테니 자네들이 관여할 일이 아니다"라고 발언하자, 청년장교들은 "당신들 육대 출신들은 농어촌의 참상을 모르고 있다. 사병들을 매일 훈련시키며 접하고 있는 우리들만 이 알 수 있는 것이다"라고 반박했다.

　이러한 점에서 총동원체제에 반대하는 「황도파」의 주장은 이들 '청 년장교'들이 동조할 수 있는 내용이었다. 더구나 전쟁에 임해서 통수권 을 절대적인 것으로 생각하며, 그 정점에 있는 천황에 대한 신적(神的) 신앙을 갖고 있던 당시의 군 장교들에게 '황도(皇道)정신'의 강조는 공 감할 수 있는 '시대정신'이었다. 따라서 아라키는 황도파의 상징이었고 '청년장교'들 사이에서 높은 인기를 가질 수 있었다. 또한 아라키는 자 신의 측근으로 요직을 메꾸는 것뿐 아니라 과격한 사상을 가진 '청년장 교'들을 도쿄의 제1사단에 불러 모았다.

　그 외에도 아라키의 남다른 측면이 더욱 그의 인기를 높였다. 아라 키는 육군대신이 된 뒤에도 '청년장교'들을 언제든지 자신의 집에 불러 다 새벽까지 술을 마시곤 했다. 그리고 기분이 좋아지면 '부레이코'(無 礼講: 신분·지위·예의 등을 무시하고 행하는 연회, 우리말로는 '야자타임'에 가깝다)를 하며 이들과 어울렸다. 스무살을 갓넘은 소위가 밤중에 큰소리로 "아라키 있는가?" 하며 육군대신의 집을 방문하곤 하였다. 대놓고 반말을 하는 이들을 마주하며 50대 중반의 장군이 "젊은 녀석, 기백 한번 좋구나" 하며 즐거워했다고 한다. 높은 지위에 있는 사람이 권위적인 자세를 버리고 파격적으로 상하 간 원활한 소통의 장을 마련했다고 보아야 할까? "아무리 소통이 중요하다고 하지만 이것은 아니다"라고 한다면 '꼰대 생각'일까? 여하튼 90여년 전 아라키의 이런 행동은 많은 장교들의 빈축을 샀다. 그리고 이러한 아라키의 행동이 육군 내에 만연하고 있던 하극상의 풍조를 조장한 면도 있었다. 아라키는 이들과 격의없이 어울리며 이들을 자기 세력화해보려는 의도와 이들을 통제해보려는 생각, 어느 쪽이었는지, 두 가지 생각 모두 가지고 있었는지 모르겠으나, 결국은 이들에게 자중할 것을 주문하였다. 그 결과 이들로부터의 인기도 떨어지고, 이들을 통제하는데도 실패하였다. 이 상황이 되자 아라키는 육군대신을 사임하고 만 것이다. 수년 후 이들 '청년장교'들이 「2·26사건」을 일으킨다.

2·26사건

청년장교들은 사쿠라회와도 관련을 가지고 있는 민간우익 기타 잇키(北一輝)의 '군측지간(君側之奸: 군주 측근의 간악한 신하)의 농간' 주장에 공감하고 있었다. 기타 잇키는 그의 저서 『일본개조법안대강(日本改造法案大綱)』에서 '군측지간을 제거하여 천황 중심의 국가개조'를 제안하였다. 바로 이 내용이 '쇼와유신'을 꿈꾸고 있는 청년장교들의 바이블이 되었다. 청년장교들은 정치가와 재벌의 유착에 의한 정치부패와 세계공황 이후 계속되는 심각한 불황 등을 타개해야 한다고 생각했다. 이를 위해서는 특권계급을 배제한 천황정치의 실현만이 해결책이라고 보았다. 이들은 당시 일본이 직면하고 있는 많은 문제들의 원인이 일본이 나아가야 할 국체(国体)에서 벗어났기 때문이라고 생각하였다. 여기에서 국체라 함은 천황과 국가와의 관계를 의미한다. 농촌지역의 광범위한 빈곤은 특권계급의 착취에 따른 것이라고 보았다. 이들 특권계급이 천황을 속여 권력을 빼앗아 행사하고 있기 때문에 일본이 쇠퇴하고 있는 것이라고 생각하였다. 따라서 이를 해결하는 방법은 '쇼와유신'을 단행하여 '군측지간'과 특권계급을 제거하고 천황 중심의 정치를 회복하는 것이었다. 이들을 「황도파」와 구분하여 「국체원리파」(国体原理派)로 부르기도 하는데, 이 두 파가 서로 동맹관계에 있었다고 볼 수 있다. 「황도파」는 「국체원리파」를 감추어 주면서 자신들에의 접근을 허락함으로서, 「국체원리파」를 이용하여 급진적 생각을 가진 장교들을 억제

해 보려고 했다고도 볼 수 있다. 이러한 관계의 파탄이 아라키의 육군대신 사임으로 나타난 것이다.

청년장교들이 사쿠라회 장교들과 다른 점은 두 그룹 모두 쿠데타를 일으키고자 하였지만, 사쿠라회는 자신들이 중심이 되어 군사정권을 수립하고자 했다면, 청년장교들은 천황 중심의 정권을 수립하고자 했다는 점이다. 아라키는 쿠데타 미수 사건을 일으킨 사쿠라회 장교들을 좌천시켰다. 그리고 자신에게 대립하던 「통제파」 장교들도 인사에서 불이익을 주었다. 청년장교들은 사쿠라회의 쿠데타 기도에 반대하는 입장이었으므로 아라키의 인사 조치를 지지하였다. 반면 「통제파」는 총력전체제의 확립을 위해서는 군부 주도의 정권 수립이 필요했고, 이상적으로는 히틀러식의 수권법적 정권 수립을 꿈꾸고 있었다. 이런 면에서 사쿠라회의 군사정권 수립 계획에 동조하는 부분도 있었다. 아라키가 물러나고 하야시가 육군대신이 된 뒤 「통제파」의 리더 나가타가 군무국장에 발탁되었다. 나가타는 「황도파」를 인사에서 배제하는 한편 사쿠라회 장교들의 복권을 시도하였다. 청년장교들은 이러한 움직임에 대해 「통제파」에 대한 불신감을 키워갔고, 나아가서 「통제파」도 '군측지간'으로 보게 되었다.

이런 상황 하에서 마사키 교육총감의 파면 인사가 이루어진 것이다. 아라키 육군대신의 등장에 기대를 걸었던 청년장교들은 아라키가 내각 내에서 육군의 목소리를 대변하지 못하는 것에 실망하였다. 이후 육군 3장관 중의 유일한 「황도파」인 마사키 교육총감에게 모든 기대를 걸고 있었는데, 그마저도 밀려나게 된 것이다. 따라서 이들의 실망과 울분이 극도로 높아질 수밖에 없었다. 게다가 인사 절차의 불만과 문제점 등이 '괴문서'로 나돌았다. 청년장교들은 인사 절차 상의 문제가 천황에 대한 '통수권 간범'이라고 비판하고 나섰다. 결국 터진 것이 나가타 군무국장 살해 사건이었다.

이 사건 이후 「황도파」의 움직임은 수그러들었으나 청년장교들의 움직임이 심상치 않았다. 상황이 여기에 이르자 오카다 내각과 육군 수뇌부는 청년장교들이 많이 근무하고 있는 1사단을 만주의 관동군 소속 부대로 파견하기로 결정하였다. 그러나 청년장교들은 만주로 파견되기 이전에 거사하기로 결정하고 행동에 들어갔다.

위관급 장교들이 중심이 된 청년장교들은 가와시마 육군대신을 비롯 후루쇼 육군차관, 마사키 군사참의관 등을 방문하여 자신들의 생각을 전달하고 국가개조의 필요성을 호소하였다. 그리고 궐기취지서를 작성하여 육군대신에 전했다. 일본은 천황을 중심으로 한 신(神)의 나라라는 점을 강조하면서, 국체를 파괴하는 원흉이 된 원로·중신(重臣)·군벌·정당 등과, 런던 해군군축조약과 육군교육총감의 경질에서 나타난 통수권 간범의 관련자, 「3월 사건」 관련자, 천황기관설을 주장하는 '학비'의 척결 등을 주장하였다. 이와 함께 육군대신에게 우가키 조선총독(예비역 대장), 미나미 관동군 사령관(대장), 고이소 조선군 사령관(중장), 다테카와 4사단장(중장) 등 우가키벌의 장군들을 체포·구속시킬 것, 하야시 군사참의관(대장)과 하시모토 토라노스케(橋本虎之助, 14기) 근위사단장(중장)을 파면시킬 것을 요구하였다. 하시모토는 하야시 육군대신 밑에서 육군차관을 지냈다.

그들은 암살할 대상으로 정부의 오카다(岡田啓介, 해병 15기) 수상, 군부 예산을 삭감한 다카하시(高橋是淸) 대장대신과 '천황 측근의 간악한 신하'인 사이토(斎藤実, 해병 6기) 내대신, 스즈키 칸타로(鈴木貫太郎, 해병 14기, 예비역 해군대장) 시종장, 마키노(牧野伸顕) 전 내대신, 그리고 군부 내의 와타나베(渡辺錠太郎) 교육총감을 목표로 정했다.

스즈키 시종장은 1929년 1월 해군군령부장에서 예편하여 시종장이 되었고, 추밀고문관을 겸직하고 있었다. 그 후임 군령부장이 가토 히로하루(加藤寛治, 해병 18기)였다. 런던 해군군축조약 비준을 둘러싸고 가토가 천황에게 직접 사표를 제출하겠다고 하였을 때 이를 못하도록 압력을 가한 사람이 스즈키 시종장이다. 기어이 가토는 사표를 내고 말았지만. 그리고 오카다 수상과 스즈키 시종장 위에 있는 해군 원로가 사이토 내대신이다. 내대신이 된지 3개월이 채 되지 않아 청년장교들의 불만의 대상이 될 일은 없었지만, 내대신이라는 직책이 천황의 주위에 장막을 만드는 중심 인물로 보였기 때문이다. 사이토의 전임 내대신이 1925년부터 10년간 천황을 보필한 마키노였다.

군부에서 표적이 된 와타나베 교육총감은 가난한 가정환경으로 소학교(초등학교에 해당)마저 중퇴하였다. 20살이 되어 조금 늦게 육군사관학교에 입교하였다. 그리고 불굴의 노력으로 육군대학교를 수석으로 졸업하고 대장에까지 오른 인물이다. 항상 책 읽기를 좋아하여 외국의 원서까지도 두루 독파하는 교양인이었고 리버럴한 생각을 가진 군인이었다. 군인 월급의 절반을 책값으로 지출했다고 한다. 그는 파면당한 마사키의 후임 교육총감에 취임하였다. 그후 마사키가 한 사단을 방문하여 국체명징운동을 옹호하는 훈시를 한 것에 대하여 '바람직하지 못한 행동'이라고 비판하였다. 마사키를 밀어내고 교육총감이 된 것 같은 모양새에다, 국체명징을 비판하였다는 점에서 천황기관설을 지지하는 것으로 보였다. 이점이 청년장교들을 격분시켰던 것이다.

청년장교들은 이들 암살 대상 외에 원로 사이온지도 대상에 포함시키려 했다. 그러나 거사가 성공한 뒤 마사키를 수상으로 옹립하려 했으므로, 그 상황에 대비하여 사이온지는 대상에서 제외하였다. 거사가 성공하여 새로운 수상을 결정하려면 사이온지 같은 사람이 천황에게 자문을 해야 하기 때문이었다. 그리고 마사키 교육총감을 파면시킨 장본인인 하야시 전 육군대신도 대상으로 거론되었으나, 이미 군사참의관으로 물러났으므로 제외되었다.

1936년 2월 26일 새벽, 이날은 평일인 수요일이었다. 좀처럼 눈이 내리지 않는 도쿄가 하얀 눈으로 덮였다. 그 도심에 청년장교들은 기관총으로까지 무장하고 자신들의 부대 사병들을 이끌고 출동하였다. 「5·15사건」 때와는 양상이 달랐다. 휴가 나와 몇 사람 암살하는 정도의 '거사'가 아니었다. 청년장교들은 부대를 이끌고 각자의 목표지로 출동하여 암살 대상자들을 제거했다.

오카다 수상은 매우 검소한 군인이었다. 군복만 입던 그였으므로 수

오카다 케이스케와 마쓰오 덴조

상이 되었을 때 양복이 몇 벌 없었다고 한다. 그리고 첫 번째 부인과 사별하고 재혼했으나 재혼한 부인마저 사망하여 혼자 살고 있었다. 수상 관저에는 여동생의 남편(매제)이 보수없는 비서관이 되어 함께 살고 있었다. 예비역 육군대좌 마쓰오 덴조(松尾伝蔵, 육사 6기)로 수상보다 4살 아래인 64세였다. 들이닥친 군인들은 수상관저 마당에 기관총을 걸어 놓고 방안에 있던 마쓰오를 수상으로 오인하고 총을 난사하여 절명케 했다. 오카다 수상은 벽장 속으로 몸을 숨겨 간신히 죽음을 모면했다. 수상 대신 매제가 희생된 것이다. 이 마쓰오의 사위가 1980년대 자민당 정권의 브레인으로 유명했던, 그리고 소설 『不毛地帯』 주인공의 모델이기도 한 세지마 류조(瀬島龍三, 육사 44기, 1932년 임관, 1935

년 결혼)이다. 세지마는 1938년 육군대학교(51기)를 수석으로 졸업하고 참모본부에 근무하다, 패전 직전인 1945년 7월 관동군 참모가 되어 만주에 부임하였다. 패전과 함께 소련군 포로가 되어 시베리아에서 11년간 억류 생활을 하다가 1956년 일본에 송환되었다. 1958년 이토츄상사(伊藤忠商事)에 입사하여 1978년 회장에까지 오르면서 이 회사를 종합상사의 대열에 들 수 있도록 성장시켰다.

스즈키 시종장은 시종장 관저를 습격한 군인들에게 권총 여러 발을 맞고 중상을 입었다. 그 상태에서 반란군이 군도로 숨을 끊으려 하자, 부인이 "노인이니 참아주시오, 꼭 해야 한다면 내가 하리다"라고 말하자 군인들이 물러갔다. 그 부인은 젊어서 유치원 교사로 쇼와천황의 교육 담당으로 발탁되어 4살부터 15살까지의 쇼와천황을 지도하였다. 그 후 부인과 사별한 스즈키와 결혼한 것이다. 이 부인이 쇼와천황에게 직접 전화를 걸어 상황을 설명하였다. 이 전화를 통해 천황이 군부 반란이 일어난 것을 처음 알게 되었다. 천황의 배려로 간신히 목숨을 건진 스즈키는 시종장에서 물러나 추밀원 부의장과 의장을 역임하다가, 전쟁에서 완전히 패색이 짙어지게 된 1945년 4월 7일 수상에 취임한다. 종전(終戰) 내각의 수상이 되어 8월 15일 천황의 항복 발표를 라디오로 방송하는 '대임'(大任)을 완수하고 물러났다.

마키노 전 내대신은 도쿄 근교의 온천 여관에 숙박 중 군인들의 습격을 받았으나, 경호 경찰과 여관 종업원의 기지로 목숨을 건질 수 있었다. 그러나 다카하시 대장대신, 사이토 내대신, 와타나베 교육총감은 군인들의 총칼에 무참히 살해되었다.

　이들 반란을 일으킨 청년장교들은 수상관저, 육군성, 참모본부가 있는 시내 중심가를 포위하고 바리케이드를 설치하여 일반인의 통행을 차단하였다. 그리고 육군대신 관저를 찾아가 이전에 육군대신에게 표명한 바 있던 요구사항을 낭독하고 공식적으로 전달했다. 동시에 자신들의 궐기 취지와 요구사항을 천황에게 상주하여 판단을 받아줄 것을 요청하였다.

　사태의 수습에 나선 군 수뇌부는 오전 9시경 가와시마 육군대신이 천황을 찾아가 사태를 설명하자 천황은 즉시 진압할 것을 명령하였다. 정오가 지나서 군사참의관들이 황궁에 모여 비공식회의를 열고, 조용히 사태를 수습하기로 결정함에 따라 육군대신 이름으로 발표문이 나왔다. 내용은 "궐기군들의 취지는 천황이 알았으며, 모두의 진심은 국체를 명확히 하고자 하는 충정에 있다는 것을 인정한다. 군사참의관들도 이러한 취지에 따라 노력하기로 합의하였으니, 그 이외의 모든 것은 천황의 결정에 따르라"로 되어 있었다. 매우 애매한 내용이다. 특히 이 발표문이 인쇄되어 전달되는 과정에서 '모두의 진심'이 '모두의 행동'으로 바뀌어져 일부 군인들은 자신들의 거사가 성공했다고 기뻐하기도 했다.

　그러나 이들 반란군들을 진압해야 한다는 참모들의 건의에 따라 27일 새벽 계엄령이 선포되었다. 도쿄경비사령관 가시 코헤이(香椎浩平, 12기) 중장이 계엄사령관에 임명되고, 참모본부 작전과장 이시하라 칸지(石原莞爾, 21기) 대좌가 계엄참모에 임명되었다. 그리고 오전 8시를

반란군의 복귀

지나서 천황으로부터 "계엄사령관은 도쿄 중심부를 점령하고 있는 장병들을 신속히 소속 부대로 복귀시키라"는 명령이 하달되었다. 그러나 계엄사령관에 임명된 가시는 「황도파」였다. 그는 반란군들에 동정적이었으므로 설득을 통한 해결을 위해 반란군 측과 절충을 계속했다. 정오를 지나 황궁을 방문한 가와시마 육군대신에게 천황은 "(반란군 진압에) 육군이 주저한다면 내가 직접 근위사단을 지휘하여 반란부대 진압에 나서겠다"고 말하였다. 당시로서는 경악을 금치 못할 발언이었다. 그 무렵 오카다 수상이 살아있다는 소식이 전해지자 상황은 '반란군 진압'으로 결론이 났다. 그럼에도 가시 계엄사령관은 28일 오전까지도 무혈 수습을 위해 자신이 천황을 찾아가 "'쇼와유신을 단행하겠다는 결정을 발표해달라'는 요청을 해보겠다"며 진압을 망설였다. 이에 강력하게 반대하고 나선 장군은 스기야마 참모차장이었다. 우가키벌로 아라키 육군대신의 취임과 동시에 육군차관에서 밀려났던 스기야마는 사단장, 육군항공본부장을 거쳐 오카다 수상의 취임 직후 참모차장이 되어 육군 수뇌부에 복귀해 있었다. 결국, 설득도 대화도 물건너 가고 29일 오전 '반란군 토벌' 명령이 내려져 반란은 진압되었다. 4일간의 '소동'으로 끝나고 말았다. 반란의 주모자들은 군법회의에 회부되어 사형에 처해졌다.

　「황도파」와 「통제파」가 대립하는 상황에서 그 어느 편에도 속하지 않아 육군대신에 임명된 가와시마는 이들을 통제하지 못하였고, 결국은 「2·26사건」을 불러오고 말았다. 뿐만 아니라 이 과정에서 청년장교들은 육군대신을 찾아가 자신들의 요구사항을 주장하는 등 그를 이용하려 들었다. 하극상 풍조가 팽배해진 군부는 그 생명이어야 할 '령'(令)이 안 서는 집단이 되어버렸다.

제 3 부

군부파시즘의
등장과 침략전쟁

수상	육군대신	참모총장	교육총감
			西 義一 대장(10)
広田弘毅 히로타 코키	寺内寿一 대장(11) 테라우치 히사이치		杉山 元 중·대장(12)
			寺内寿一 대장(11)
林銑十郎 하야시 센쥬로	中村孝太郎 중장(13) 나카무라 코타로		畑 俊六 중·대장(12) 하타 슌로쿠
近衛文麿 (제1차) 고노에 후미마로	杉山 元 대장(12) 스기야마 하지메	閑院宮載仁 원수(구6) 간인노미야 코토히토	西尾寿造 중·대장(14) 니시오 토시초
平沼騏一郎 히라누마 키이치로	板垣征四郎 중장(16) 이타가키 세이시로		
阿部信行 아베 노부유키	畑 俊六 대장(12) 하타 슌로쿠		山田乙三 중·대장(14) 야마다 오토조
米内光政 요나이 미쓰마사			
近衛文麿(제2차)	東條英機 중장(17) 도조 히데키	杉山元 대장(12) 스기야마 하지메	
近衛文麿(제3차)			

1937

1938

1939

1940

1941

히로타 내각의 실세, 테라우치 육군대신

사건이 진압되고 오카다 내각은 총사직하였다. 앞으로의 사태 수습을 담당할 후임 수상을 찾기가 쉽지 않았다. 정계에는 '군부에 반항하면 죽는다'는 분위기가 생겨 수상을 하려는 사람이 없었다. 카리스마 넘치고 소신있는 지도자는 더욱 위험하다. 만일 이러한 지도자가 군부와 충돌한다면 또다른 비극을 불러올 것이 뻔하기 때문이다. 괴물 집단으로 변해버린 군부, 특히 주도권을 잡고있는 좌관급 참모들의 비위를 맞춰가며 정부 관료들을 이끌고 갈 능력을 갖춘 지도자는 별로 없었다. 그렇기 때문에 지혜를 짜내 찾아낸 수상 후보는 단지 성격이 원만하고 어느 조직에나 누구에게나 모진 소리 못하는 그런 인물들이었다. 이 무렵 새로운 수상 후보를 천황에게 천거하는 일은 원로 사이온지(西園寺公望)와 내대신(內大臣)·추밀원 의장·수상 경험자로 구성된 중신회의(重臣会議)에서 협의를 거쳐 이루어졌다. 사이토 내대신이 사망한 뒤, 궁내대신(宮內大臣)에서 내대신이 된 유아사 쿠라헤이(湯浅倉平)가 사이온지와 중신 등의 의견을 들어 후보자를 천거하고 있었다.

사이온지는 귀족원 의장 고노에 후미마로(近衛文麿) 공작을 후임으로 추천하여 천황으로부터 조각 지시까지 내려졌다. 그러나 고노에는 지병을 이유로 이를 사퇴하였다. 고노에는 지병도 이유였으나 만주사변 무렵부터 생각이 「황도파」와 혁신적 사상에 기울어지고 있었기 때문이었다. 결국 오카다 내각의 외무대신이었던 히로타 코키(広田弘毅)가 수

상의 중책을 맡게 되었다. 그는 직업외교관 출신이다. 이름 '히로타'의 발음에 사이시옷을 넣어 강하게 발음하면 '히롯타'가 된다. '히롯타'(拾ったった)는 '주웠다'의 의미다. '히롯타 내각'은 당시 히로타 내각을 풍자하는 말로 유행하였다. 히로타가 수상 자리를 주웠든, 어쩔 수 없이 맡았든 수상으로써 힘을 쓸 수 없는 위치였다. 조각 과정에서부터 군부는 여러 가지 요구사항을 제시하며 간섭하였다. 군부의 마음에 들지 않는 각료 후보자는 제외하도록 압력을 행사했다. 특히 히로타가 외무대신으로 생각했던 요시다 시게루(吉田茂)에 반감을 표시했다. 군부는 요시다를 영·미와 우호관계를 중시하는 자유주의자라는 이유로 거부하였다. 요시다는 히로타와 외교관 시험 동기로 히로타에게 수상직을 맡도록 설득한 장본인이었다.

「2·26사건」은 비록 4일간의 '소동'으로 끝났으나 후폭풍은 컸다. 육군에서는 대규모의 숙군(肅軍)이 벌어졌다. 당시 황족이나 원수를 제외한 현역 육군대장은 10명이었다. 그러나 이들 중 7명이 3월과 4월에 예편되었다. 「황도파」에 속한 대장들과 선배 및 동기 기수의 대장들이 물러났다. 예편된 대장은 미나미(南次郎, 6기) 관동군 사령관, 하야시(林銑十郎, 8기)·아라키(荒木貞夫, 9기)·마사키(真崎甚三郎, 9기)·아베(阿部信行, 9기) 군사참의관, 혼죠(本庄繁, 9기) 시종무관장, 가와시마(川島義之, 10기) 육군대신이다.

현역 대장으로 남은 사람은 우에다 켄키치(植田謙吉, 10기) 관동군 사령관, 니시 요시카즈(西義一, 10기)·테라우치 히사이치(寺内寿一, 11

기) 군사참의관 3명이다. 우에다는 그 자리에 유임되고, 테라우치가 육군대신, 니시가 교육총감이 되어 육군의 수뇌부를 구성했다. 참모총장은 황족 간인노미야 원수가 계속 맡고 있었다. 육군대신이 된 테라우치는 초대 조선총독과 수상을 지낸 테라우치 마사타케(寺內正毅)의 아들이다. 테라우치는 태평양전쟁 중인 1943년 원수에 오른다. 일본 육군에서 유일한 부자(父子) 원수이다.

육군대신의 인사를 둘러싸고 육군 내의 인사 쇄신을 기대하는 소장파들은 16기의 관동군 참모부장(參謀副長) 이타가키(板垣征四郎) 소장을 미는 움직임이 있었다. 만약 이 인사가 성사되었다면 매우 파격적인 인사가 되었을 것이다. 이타가키는 아직 사단장도 거치지 않았다. 또한 육군성이나 참모본부 근무 경력이 거의 없이 주로 만주와 중국에서 근무한 소장이다. 이런 사람을 육군대신에 앉힌다는 것은 아무리 비상사태라 해도 무리한 인사일 수밖에 없다. 사실 테라우치는 숙군 인사의 여파에 밀려 예편 대상에 들어 있었다. 이러한 상황에서 분위기를 바꾼 사람은 군무과에 근무하는 무토 아키라(武藤章) 중좌였다. 무토가 막후공작을 통하여 예편 직전의 테라우치를 육군대신으로 만들었다. 중요한 순간에 대안을 가지고 움직이는 것은 역시 중견 막료였다.

숙군의 여파는 대장들에 국한된 것만은 물론 아니었다. 중견 장교들에 이르기까지 「황도파」에 속했던 장교들이 거의 예편되거나 한직으로 밀려났다. 앞의 사가벌에 속한 장군들은 기수가 제일 낮았던 야마시타(山下奉文, 18기) 소장을 제외하고 모두 예편되었다(제1부 「우가키벌과 사가벌」의 〈표〉 참조). 우가키벌의 장군들 중에서는 위의 아베 대장과 다테카와(13기) 중장이 숙군의 여파로 예편되었다. 스기야마 참모차장도 물러나 참모본부 근무로 남았다가 8월에 교육총감이 되었다. 고이소는 아라키 육군대신 때 관동군 참모장으로 좌천되었다가 사단장을 거쳐 1935년 12월에 조선군 사령관이 되어 본국에 없었던 덕분에 그 자리에 유임되었다.

숙군의 영향으로 군부 내의 파벌은 사라졌으나 정치에 대한 군부의 입김은 더욱 강해졌다. 히로타 내각은 5월 군부의 요구를 받아들여 군부대신 현역무관제를 부활시켰다. 2·26사건에의 관여가 의심되는 예비역 장군의 대신 취임을 막는다는 것이 이유였다. 그리고 육대 졸업 여부에 따라 '텐포센구미'와 '무텐구미'로 나뉘어 군 생활의 모든 면에서 생기는 격차의 상징인 육대 졸업 휘장(일명 '텐포센')의 패용을 금지했다. 그리고 같은 해 11월 육대를 졸업하는 장교들부터 졸업 휘장을 주지 않기로 하였다. 그렇다고 격차가 사라지는 것은 아니지만….

육군성은 8월 군무국에 군사과 이외의 과들을 다른 국으로 이관하고, 군무과를 신설하여 군무국을 군사과와 군무과로 정예화하였다. 신설된 군무과는 육군대신의 정책을 보좌하도록 하여 과 안에 내정반(內政班)·외교반·만몽반·지나반(支那班: 중국반)을 두었다. 초대 군무과장에는 이시모토 토라조(石本寅三, 육사 23기, 육대 34기 수석) 대좌가 임명되었다. 그는 1910년대 초반 죠슈·사쓰마 이외 지역의 출신으로 최초의 육군대신이 되었던 이시모토 신로쿠(石本新六, 旧1기) 중장의 아들이다.

군부는 히로타 수상에게 국방국가 수립을 목표로 할 것을 요구하였다. 이에 따라 경제에 대한 국가 통제의 강화, 준(準)전시 체제의 정비를 촉구하였다. 군국주의 체제의 원형이 이 시기에 형성되기 시작한 것이다. 또 국방방침을 개정하여 '지구전(持久戰)·총력전을 염두에 두면서, 유사시에 선제공격과 단기 결전'을 군사독트린으로 정했다. 이에 따라 5상(五相)회의에서는 군비증강과 준전시 체제 구축을 위한 '국책(國策)의 기준'을 결정하였다. 즉 주적으로 보았던 미국(해군)과 소련(육군)에 더하여 중국과 영국을 포함시켰다. 중국 대륙(육군)과 남방 해양(해군) 양쪽으로 진출하겠다는 의도였다. 육군과 해군이 경쟁적으로 주적을 늘려가는 상황이었다. 일본은 이미 국제연맹에서 탈퇴하였고, 워싱턴·런던 해군군축조약에서도 탈퇴한 상태였다. 국제적 고립이 심화되는 가운데 11월에 독일과 방공(防共)협정을 체결하였다. 국제공산주의운동을 이끌고 있는 코민테른에 대항하는 것을 목적으로 한 조약이었다.

이와 같이 내각에 대한 군부의 전방위적 압박이 거세지고 있는 상황에서 군인도 아니면서 이에 부화뇌동하여 앞서가는 사람이 있게 마련이다. 대장대신 바바 에이치(馬場鍈一)였다. 출세지향적인 사람으로 대장성에서 관료 생활을 시작하였으나 여러 부서를 옮겨다녔다. 1920년대 초에 내각법제국장관(법제처장에 해당)을 역임하고, 이후 칙선 귀족원 의원, 은행 총재를 지낸 인물이다. 바바는 대장대신이 되자마자 전임 다카하시가 추진해왔던 국채 감소 정책을 중단시켰다. 국방 충실화와 지방 진흥을 위한다는 명분 하에 대폭적인 증세와 국채증발을 선언하였

히로타 내각

맨 앞에 혼자 서 있는 사람이 히로타 수상, 사진 맨 왼쪽이 테라우치 육군대신, 히로타 수상의 오른쪽 위가 바바 대장대신이다.

다. 그리고 자신의 정책에 적극적이지 않은 주요 간부들을 모조리 인사 조치하였다. 그리고 1937년도 예산안을 세출 33.7%, 군사비 33.0%, 국채발행액 40.7%를 증액시켜 초대형 예산안으로 편성하였다. 지금까지 타카하시는 군부가 가상적국을 늘려가며 압박해온 군사 예산의 증액 요구를 정치력으로 억제해왔다. 그런 다카하시가 사라지자, 바바가 군부의 앞잡이가 되어 대장성을 마음대로 휘두르게 된 것이다. 당시의 상황을 후일의 대장 관료들은 '나라가 망할 때까지 증세' 노선이었다고 비판하고 있다.

바바 대장대신이 내걸은 적극재정의 영향으로 군비 수요의 증가가 예상되면서 대기업들은 관련 물품의 수입을 늘리기 시작하였다. 이에 따라 수입 물품의 가격이 오르고 외환시세가 불안정하게 되는 등 경제 전반이 불안에 빠지게 되었다. 1937년 1월에 개회된 중의원 정기국회에서 정우회의 하마다 쿠니마쓰(浜田国松) 의원이 대정부 질문

국회에서 '할복문답'을 하고 있는 테라우치 육군대신. 현 국회의사당 건물이 완공(1936년 11월)되고 처음 열린 국회였다. 뒤의 각료석에 히로타 수상이 앉아있다.

을 하였다. 2·26사건 이후 군부의 정치 간섭을 통렬히 비판하는 내용이었다. 하마다는 중의원 의장을 역임한 국회의 영향력 있는 원로였다. 이에 대하여 테라우치 육군대신은 "군인에 대하여 다소 모욕적인 언사로 들린다"고 반박하였다. 그러자 하마다는 다시 발언대에 서서 "내 발언의 어느 부분이 모욕적인가?"라고 반문하였다. 테라우치는 "모욕하는 것처럼 들렸다"고 한발 물러섰다. 이에 대해 하마다는 다시 "속기록을 조사하여 내 발언이 군을 모독하는 내용이 있었다면 할복으로 당신에게 사과하겠다. 그런 내용이 없다면 당신이 할복하라"고 격렬하게 테라우치

를 몰아붙였다. 이런 하마다를 테라우치가 노려보자, 본회의장에 고함이 터지는 등 소동이 벌어졌다. 결국 국회는 이 사태를 수습하기 위해 2일간 정회하였다. 이를 일본 언론이 '할복문답'이라고 이름 붙였다.

테라우치는 히로타 수상에게 "정당의 시국에 대한 인식이 부족한 결과다. 정당들에 대하여 반성을 촉구하는 의미에서 국회를 해산하자"고 요구하였다. 해산하지 않으면 자신이 단독으로 육군대신을 사직하겠다고 협박하였다. 당시의 제도상 대신이 사직하면 수상이 후임자를 추천하여 천황의 임명을 받아야 한다. 육군대신이 사임하고 모든 현역 장군들이 육군대신 취임을 거부하면 내각은 붕괴된다. 군부대신 현역무관제의 고약한 부분이다. 다른 각료들과 해군대신까지 나서 테라우치를 말렸으나 테라우치의 고집을 꺾지 못했다. 결국 히로타 수상은 국회해산 대신 내각이 총사직하기로 결정하였다. 정권이 성립한지 10개월 밖에 되지 않은 단명 정권이었다. 이에 따라 폭탄과도 같았던 1937년도 예산안은 폐안이 되고 말았다. 후일 히로타 수상은 바바 대장대신에게 쫓겨났던 관료에게 "'할복문답' 덕분(?)에 폭탄 예산안의 상정을 막을 수 있었다"고 술회했다.

군 출신 수상의 3류 정치

원로 사이온지는 10개월만에 또다시 수상 후보를 물색해야 하는 처지가 되었다. 그는 후임 수상에 우가키 전 육군대신을 추천하였다. 전년 8월 조선총독에서 물러나 있던 상태였다. 사이온지는 과거 육군대신 재임시 내각에 협조적이었고, 어려운 군축을 원만히 실행한 우가키의 능력과 군부에 대한 영향력을 높이 평가하였다. 우가키의 수상 임명안은 천황으로부터 내락을 얻었다. 우가키는 내각 구상에 들어갔으나 육군 내부로부터의 반발에 부딪혔다. 군부는 자신들의 의향을 더욱 반영할 수 있는 정치체제를 원했다. 만일 우가키가 수상이 된다면 군부에 대해 강력한 억제력을 행사할 것이라고 판단한 것이다.

이 상황에서 총대를 메고 나선 사람은 역시 중견 막료, 참모본부의 제1부장 대리로 있던 이시하라 칸지(石原莞爾) 대좌였다. 그는 참모본부 작전과장과 신설된 전쟁지도과장을 거쳤다. 이시하라는 테라우치 육군대신에게 우가키가 수상 임명을 사퇴하도록 설득해 줄 것을 부탁하였다. 테라우치는 이 임무를 헌병사령관에게 지시하였다. 지시를 받은 헌병사령관은 정식 임명을 받으러 황궁으로 향하는 우가키의 차량을 세우고 그 차에 동승하여 우가키를 설득해 보았으나 실패였다. 우가키는 황궁에서 천황으로부터 조각의 명령을 받고 각료 인선에 들어갔다. 이시하라는 이 상황에서도 단념하지 않고 우가키 내각을 사전에 붕괴시키는 작업을 계속하였다. 우가키의 입각 요청을 거절하기 어려운 우가키벌 소속의 육군대신 후보들을 설득하였다. 스기야마(杉山元) 교육총감과 고이소(小磯国昭) 조선군 사령관에게 육군대신 입각 요청을 거부하도록 공작을 폈다. 우가키는 육군대신을 맡겠다고 나서는 장군이 없자 궁여지책으로 자신이 육군대신을 겸임하여 내각을 성립시킨 뒤, 스스로 현역에 복귀하는 방법을 생각했다. 그러나 이 방법에 대해 내대신이 "궁중(천황)에 나쁜 영향을 미칠 위험성이 있다"고 거부하였다. 우가키는 결국 조각을 단념하고 수상 임명을 사퇴하고 말았다. 군부가 천황이 임명한 수상을 거부한 것이다.

우가키에게 수상 임명을 사퇴하라고 헌병사령관을 보낸 테라우치는 과거 우가키가 육군대신으로 있을 때에 크게 신세를 진 일이 있었다. 예편 대상자가 되어 있던 테라우치가 우가키에게 "어머니 뱃속에서부터 육군으로 살아온 사람입니다. 보직은 무엇이라도 좋으니 제발 육군에 더 있게 해 주십시오"라고 사정하여 간신히 예편 대상에서 제외되었던 그였다.

우가키 수상 후보의 좌절 이후 80대 후반의 나이에 기력이 쇠해진 사이온지는 다시 내대신과 협의하였다. 법조관료 출신인 히라누마 키이치로(平沼騏一郎) 추밀원 의장과 전 육군대신 하야시 센쥬로(林銑十郎, 8기) 예비역 육군대장을 후보로 추천하였다. 그러나 히라누마가 후보를 사퇴하여 1937년 2월 하야시가 수상에 임명되었다. 만주사변 당시 조선군 사령관으로 명령 없이 휘하의 병력을 만주로 보내 「월경(越境)장군」의 칭호를 얻은, 그리고 「2·26사건」 때에 청년장교들의 살생부에 오

하야시 내각 발족을 알리는 홋코쿠(北國)신문의 호외

홋코쿠신문은 하야시 수상의 출신지인 이시카와현(石川縣)을 중심으로 하는 지방지이다.

르내리던 그가 수상에까지 오르게 된 것이다.

　'우가키 정권'을 물거품으로 만든 이시하라 대좌는 하야시를 "고양이도 호랑이도 될 수 있는 사람"으로 평가하였다. 자유자재로 컨트롤할 수 있는 사람으로 본 것이다. 이시하라 등 육군 중견 막료들은 하야시 수상을 군부의 의향대로 정부 정책을 수행해 나가기에 적절한 인물로 여겼던 것이다. 이시하라는 육군대신에 자신과 같은 「만주파」이며, 관동군참모장으로 승진한 이타가키(板垣征四郎, 16기) 중장을 또다시 밀었다. 그러나 육군 수뇌부의 반대에 부딪혀 성사되지 못했고, 교육총감부본부장 나카무라 코타로(中村孝太郎, 13기) 중장이 육군대신에 임명되었다. 그러나 며칠 후 나카무라가 장티푸스 발병으로 사임하기에 이르렸다. 최단 기록이라고 말하기조차 민망한 8일간의 육군대신이었다. 후임에는 교육총감 스기야마(杉山元, 12기) 대장이 임명되었다.

다른 각료의 임명에 있어서도 이시하라는 해군대신에 전 연합함대 사령장관인 「함대파」의 스에쓰구 노부마사(末次信正, 해병 27기, 당시 군사참의관) 대장, 대장대신에 미쓰이(三井)재벌 총수 이케타 시게아키(池田成彬)의 취임 공작을 시도하였다. 그러나 스에쓰구는 해군 내부의 반대에 부딪혀 해군성이 추천하는 연합함대 사령장관 요나이 미쓰마사(米內光政, 해병 29기) 중장이 해군대신에 임명되었다. 이케다는 건강을 이유로 입각을 거절하였고, 대신 추천한 일본상공회의소 회두(会頭: 회장) 유키 토요다로(結城豊太郎)가 대장대신에 임명되었다. 이시하라는 재계 출신인 유키 대장대신과 손잡고 주요산업5개년계획을 축으로 하는 경제 부문에서의 혁신정책을 통하여 국방국가 건설을 달성하고자 했다. 또한 하야시 내각은 '소수 각료에 의한 실력자 내각'을 표방하여 문부·체신·철도·탁무(拓務)대신은 다른 대신이 겸임토록 하였다. 그리고 정무관(각 성의 대신 밑에 둔 정무직 직위로 정무차관과 참여관)의 폐해를 없앤다는 취지 하에 이 직책을 임명하지 않았다. 그 결과 각 성과 의회와의 업무가 원활하게 돌아가지 못하는 결과를 초래하였다.

그 영향은 예산심의에 바로 나타났다. 1937년도 예산안은 히로타 내각의 바바 대장대신이 제출하려던 문제의 예산안이었다. 대장성은 이 예산안의 금액을 전체적으로 10%를 삭감하고 증세액도 1억엔 이상 줄였으나, 군부가 요구한 군비확충 예산액은 거의 그대로 두었다. 그 피해는 결국 서민 생활에 전가되었다. 유키 대장대신이 이케다 일본은행 총재(대장대신 취임을 거절한 이케다는 그 후 일본은행 총재에 취임)와 손잡고 추진한 재정정책은 군부의 요구를 그대로 수용한 국방국가 건설을 지향하는 노선이었다. 당시 언론은 이 노선을 「군·재합체」(軍·財合體) 재정이라고 불렀다. 이 예산안 심의를 둘러싸고 국회는 분규와 난항을 거듭하였다. 우여곡절 끝에 회계연도가 시작되기 직전 간신히 예산이 성립되었다. 예산안과 관련 법안이 성립되자 하야시 수상은 일부 각료의 반대에도 불구하고 정부에 비협조적인 정당들에 대해 징벌을 가하겠다는 의미로 중의원 해산을 단행하였다. 히로타 내각 때에 테라우치 육군대신이 수상에게 종용했던 중의원 해산을 하야시는 간단히 해치운 것이다. 일본 언론들은 중의원 해산에 의미를 부여하여 '○○해산'이라는 별명을 붙인다. 하야시 수상의 해산은 '먹튀해산'이라는 이름이 붙여졌다.

　그러나 하야시가 노린 것과는 정반대로 선거 결과는 참혹했다. 여당 세력의 의석은 감소되고, 거대 2대 야당(민정당과 정우회)의 의석은 거의 변함이 없었다. 그러나 하야시는 또다시 중의원을 해산하겠다며 정권 유지 자세를 분명히 했다. 이것이 도리어 역효과로 나타났다. 야당 세력이 힘을 합쳐 정권 타도에 나섰다. 이런 상황이 되자 군부도 하야시에 대한 지지를 철회하였고, 하야시 내각은 5월 총사직하고 말았다. 4개월 정권이었다. 이는 역사상 최단 집권기록이 되었다. 언론에서 하야시 내각은 '사상 가장 무의미한 내각'으로 불리게 되었다.

젊은 귀족 고노에에의 기대와 실망

또다시 수상 후보 찾기에 나선 사이온지는 다시 한번 고노에 후미마로(近衛文麿) 귀족원 의장을 추천하였다. 이번에는 고노에가 이를 받아들여 1937년 6월 고노에 정권이 수립되었다. 고노에는 귀족원 의원으로 4년째 의장을 맡고 있었다. 칙선 귀족원 의원이 아닌 귀족, 그것도 가장 격이 높은 공작(公爵) 의원이었다. 당시 나이는 45세로 사상 두번째로 젊은 나이의 수상이었다. 참고로 최연소 수상은 초대 수상인 이토 히로부미(伊藤博文)의 44세가 기록이다.

여기서 이야기가 잠깐 벗어나지만 고노에의 가문에 대해서 설명하기로 한다. 고노에 집안의 원래 성(姓: 일본에서는 氏라고 함)은 후지와라(藤原)이다. 아스카(飛鳥)시대(약 7세기)에 조정에서 공을 세워 천황으로부터 후지와라라는 성을 하사받았다. 그 후 조정에서의 지위와 권력이 점점 높아졌고, 집안의 딸들이 천황의 측실(후궁)이 되었다. 드디어 아스카시대 말엽에는 후지와라 집안의 딸이 낳은 황자(皇子)가 천황에 오른다. 아스카시대를 이은 나라(奈良)시대(약 8세기)에는 후지와라 집안의 권력이 더욱 강해졌다. 이어 헤이안(平安)시대(9-12세기)에는 황실과의 혈족관계가 더욱 친밀하게 되어, 통상 황족이 맡아오던 조정 최고의 관직인 태정대신(太政大臣)에 후지와라 집안의 실력자가 임명되었다. 9세기 중엽에 어린 천황이 즉위하자 천황의 외할아버지인 후지와라가 섭정(摂政)이 되었다. 외척이 실권을 장악하기 시작한 것이다. 섭정은 군주가 어리거나 건강이 나빠 군주로서의 역할을 할 수 없을 때 이를 대신하는 직책이다. 이와 비슷한 직책인 관백(関白)은 군주가 아직 어려 판단력이 부족할 때 옆에서 군주를 보좌하는 관직이다. 섭정을 두었던 어린 천황이 조금 성장하면 섭정이 관백으로 관직을 변경하여 천황을 보좌하게 된다. 특히 900년경부터 1060년대 후반까지는 천황이 거의 후지와라 집안의 외손자였고, 섭정과 관백을 후지와라 집안이 도맡아 조정의 실권을 장악하였다.

그러나 헤이안시대 후반인 11세기 후반에 후지와라 집안의 외손자가 아닌 천황이 즉위하였다. 이를 계기로 천황이 잠시 친정을 실시하다가, 바로 아들에게 양위하고 자신은 상황(上皇)으로 물러나 뒤에서 실제로 통치하는 원정(院政)시기에 들어갔다. 이때부터 후지와라 집안의 권력은 쇠퇴하기 시작하였다. 그 후 일본은 헤이안시대가 끝나고 무신정권의 시대이다. 그래도 오랫동안 조정에서 이어온 섭정·관백의 직위는 그대로 존속하였다. 그러나 천황의 권력 상실과 함께 이 자리도 실권이 없는 조정의 고위 관직에 지나지 않게 되었다. 그럼에도 섭정과 관백은 여전히 후지와라 집안이 독점하였다. 원정시기인 12세기 전반, 천황 4대에 걸쳐 섭정과 관백을 연임했던 후지와라노 타다미치(藤原忠通)는 앞으로의 섭정·관백은 자신의 세 아들의 후손으로만 이어가는 것으로 정하였다. 그러나 무신정권 시기인 1252년 두 아들(한 아들 집안은 단절됨)의 증손자 5집안을 섭정·관백 가문으로 정하였다. 이를 통칭 '5섭가(摂家)'로 부른다. 이 5섭가에 붙여진 별도의 호칭이 나중에 성(姓)이 된

고노에 내각

고노에의 왼쪽에 요나이 해군대신, 오른쪽으로 한 사람 건너 스기야마 육군대신, 맨 왼쪽은 히로타 외무대신

것이다. 고노에는 그 중 장자 가문의 별칭으로 가문의 격이 가장 높다. 뿐만 아니라 17세기 초반, 고노에 집안의 대가 끊어지게 되자 당시 천황의 아들이 고노에 집안의 양자로 입적하여 대를 이었다. 입적한 양자의 어머니는 당연히 후지와라(고노에) 집안의 딸이었으므로, 외삼촌의 양자가 된 것이다. 이것이 고노에 가문의 격을 더욱 높게 하였다. 메이지유신 이후 1884년 화족령(華族令: 황족과 귀족을 정한 규정)의 제정과 함께 귀족 최고의 공작 가문으로 서위(敍位)되었다. 고노에 후미마로는 귀족원 의장을 역임한 아버지를 세습한 2대 공작이다.

고노에 집안 이야기가 좀 길어졌지만, 2·26사건 이후 큰 문제 일으키지 않고 원만하게 나라를 이끌어주길 바라며 수상을 맡겼던 외교관 출신의 히로타, 군부를 잘 다독거려 주기를 기대했던 하야시, 두 사람 모두 너무나 기대에 못 미쳤다. 이런 상황에서 나타난 황족 다음의 명문가 출신의 젊은 공작, 고노에 후미마로는 암울하고 답답한 정치 상황에 새로운 바람을 불러일으켜 줄 것 같은 기대를 한 몸에 받기에 충분했다. 고노에 수상은 스기야마 육군대신과 요나이 해군대신을 유임시키고, 전 수상 히로타를 외무대신으로 입각시켜 조각을 마무리하였다.

그러나 집권 후 1개월 뒤인 7월 7일에 일본의 지나(支那)주둔군과 중국군이 베이징 교외의 루거우차오(蘆溝橋) 부근에서 충돌하는 사건이 발생하였다. 루거우차오는 12세기 말 금(金)나라 때 완성된 아치형 교각의 돌다리이다. 다리 난간에 각기 다른 표정의 사자상이 새겨져 있다. 마르코 폴로(Marco Polo)가 『동방견문록』에서 '세계에서 제일 아름다운 다리'라고 소개하여 서양에서는 '마르코 폴로 다리'(Marco Polo Bridge)로 불린다. 그런데 이 아름다운 다리 부근에 중국군 부대가 주둔하고 있었는데 이 부근에서 야간 연습을 하던 일본군과 충돌이 일어난 것이다. 문제는 일본군이 야간 연습을 하려고 한 지역이 문제였다. 중국군 부대 주둔지 근처에서 야간 연습을 한다는 것은 중국군에 대한 도발이다. 과거 우리나라에서도 인근에 남자 고등학교가 2개 있으면 가끔 하찮은 일로 학생들 간에 주먹다짐이 발생하곤 한다. 외국 주둔군이 그 나라 군부대 인근에서 야간 연습을 한다는 것은 위험천만한 일이 아닐 수 없다.

그러나 보고를 받은 일본 육군 지휘부는 해결책을 둘러싸고 의견이 분열되었다. 대다수는 이 기회에 중국에 일격을 가하여 사태를 해결하자는 확대파(또는 강경파)였고, 일부 소수는 비확대파(또는 수습파)로 두 파 사이에 논란이 계속되었다. 비확대파는 중국과의 전쟁은 장기 소모전이 될 위험성이 크다고 보았다. 따라서 이미 확보된 만주국의 관

루거우차오사건 직후의 가와베 여단장(왼쪽)와 무타구치 연대장

리에 전념하며 대소련전에 대비해야 한다고 주장하였다. 7월 8일 오후 일본의 육군참모본부는 지나주둔군 사령관에게 "사건의 확대를 방지하기 위해 더 이상의 군사행동을 하지 말 것"을 참모총장 명의로 지시하였다. 당시의 참모총장은 간인노미야 원수였고, 참모차장은 와병 중이었으므로 실무 담당자는 비확대파의 제1부장 이시하라 소장이었다. 이에 따라 9일 새벽에 임시 정전협의가 이루어져 양국군이 철수하였으나 또다시 중국군의 포격이 가해졌다. 이에 대해 일본의 지나주둔군 보병여단 1연대장 무타구치 렌야(牟田口廉也, 22기) 대좌가 "중국군을 섬멸하라"는 명령을 내려 양국군이 전투에 들어갔다. 이 상황을 사후에 알게 된 보병여단장 가와베 마사카즈(河辺正三, 19기) 소장은 사후에 이를 승인하고 말았다. 이 두사람은 1944년 버마방면군에서 또 하나의 엄청난 '작품'을 만들어 낸다.

이 상황에서 또하나의 악재가 있었다. 와병 중인 사람은 참모차장만이 아니었다. 현지의 지나주둔군 사령관, 1년 전에 병력이 증강되어 중장으로 격상된 사령관이 건강 악화로 부대지휘를 못하는 형편이었다. 7

월 11일에야 후임 사령관이 임명되었다. 물러난 사령관은 일단 본국의 참모본부 근무로 발령 났으나, 일본으로 돌아가지도 못하고 16일 톈진 현지에서 사망하였다. 이런 상황에서 보병여단장과 연대장이 일을 저지른 것이다.

이 무렵 육군 중앙부에서 두각을 나타내는 그룹이 등장하였다. 10여 년 전 만들어졌던 잇세키회(一夕会)의 막내, '육사 25기 삼총사'였다. 4개월 전인 1937년 3월 각각 임명된 참모본부 작전과장 무토 아키라(武藤章)와 육군성 군사과장 다나카 신이치(田中新一) 그리고 관동군 정보주임참모 도미나가 쿄지(冨永恭次) 대좌가 그들이었다. 중국과의 사태에 강경파인 무토 작전과장과 다나카 군사과장은 서로 협조하면서 직속상관인 이시하라 제1부장과 대립하였다. 이들이 1939년 9월부터 태평양전쟁 발발 때까지 육군 중앙부의 요직인 참모본부 제1부장과 육군성 군무국장을 독점하였다.

7월 9일의 임시각의에서 스기야마 육군대신은 3개 사단의 증파를 제안했으나, 요나이 해군대신의 반대로 보류되었다. 그날 밤 참모본부는 지나주둔군에 대하여 중국과 교섭을 시도하라는 지시를 내렸다. 교섭 조건은 루거우차오 부근에서 중국군의 철수와 책임자의 처벌, 그리고 중국 측의 사죄였다. 이에 따라 교섭이 진행되었지만 양국 간의 작은 충돌은 계속되었다. 중국 측이 대규모 병력을 이동시키고 있다는 정보도 일본을 자극했다.

또한 만주의 관동군도 중국에서의 사태에 강경한 태도를 가지고 개입하려 하였다. 관동군은 자신들이 획책했던 화북 분리공작이 지지부진하자 일·중 양국군의 충돌을 계기로 이를 해결해 보려는 속셈이었다. 조선군도 관동군과 마찬가지였다. 조선 주둔 20사단을 중국에 출동시킬 수 있는 태세를 갖추겠다고 하며 중국대륙 사태에 적극적인 자세였다. 이 사태를 확대시키지 않고 수습해보려는 의도를 가진 곳은 소수의 비확대파와 현지의 지나주둔군 지휘부뿐이었다.

11일 낮 일본의 5상회의에서 육군대신의 '무력시위를 통해 중국 측으로부터 사죄와 안전을 확보한다'는 방침 하에 조선 주둔 20사단과 본국의 3개 사단을 파병하기로 합의하였다. 이어 열린 각의에서 3개 사단의 파병이 결정되었고, 이는 즉시 천황의 재가를 받았다. 이어 고노에 수상은 정부성명을 통해 3개 사단의 중국 파병을 발표하였다. 각의결정에서 천황 재가, 정부 발표까지 일사천리로 진행되었다. 그러나 이 정부성명 발표 1시간 30분 후 현지에서 중국과 정전협정이 성립되었다. 현지에서의 정전협정 교섭과는 별개로 양국 정부는 대규모의 병력을 동원한 것이다. 결국 강경파의 목소리가 커지면서 사태가 확대되어 버렸다. 그 결과 정전협정은 휴지조각이 되었다. 양국군 간에는 공방이 계속되어 7월 28일에는 중국 북부에서 전면 충돌상태에 들어갔고, 31일에는 일본군이 베이징과 톈진을 제압하였다. 일본 역사에서는 이 시점까지를 '북지사변'(北支事変)이라고 부른다. 넓게는 중일전쟁에 포함되지만 루거우차오사건으로 중국 북부에서 발생한 일본군과 중국군의 충돌이었기 때문이다.

중일전쟁의 확대

중국과의 관계는 군사적 충돌뿐 아니라 양국민의 국민감정도 악화 일로를 치닫기 시작했다. 1932년 제1차 상하이사변 이후 정전협정에 따라 상하이 중심가에는 보안대 3200명 이외는 중국군이 주둔하지 않기로 되었다. 그러나 보안대 복장을 한 중국군이 증가되는 등 긴장이 고조되고 있었다. 일본은 제1차 상하이사변 이후 계속하여 해군육전대(海軍陸戰隊: 해병대에 해당) 2개 대대 2000명을 주둔시키고 있었다. 그런데 중국 북부에서 중국과 일본이 전면전 상태에 들어갔다. 이러한 상황에서 1937년 8월 9일 일본의 해군육전대 장교가 중국 보안대에 살해당하는 사건이 발생하였다. 이 사건을 계기로 일본과 중국은 상하이에서도 전면 충돌상태로 들어갔다. 이를 제2차 상하이사변이라고 부른다. 일본과 중국 간의 충돌이 중국 전지역으로 확대된 것이다.

고노에 수상은 8월 13일 상하이에 2개 사단으로 구성된 상하이파견군을 증파할 것을 결정하였다. 사령관에는 1935년 이미 예편하였던 마쓰이 이와네(松井石根, 9기) 대장을 예비역에서 소집하여 임명하였다. 그리고 중국에 대해 '단호한 조치를 취할 것'을 언명하였다. 이어 17일에는 루거우차오사건 발생 직후의 비확대방침을 철회하기로 각의결정하였다. 불과 한달만에 정부의 방침이 180도 바뀐 것이다.

이에 따라 육군의 편제도 대폭 개편되어 8월 31일 기존의 지나주둔군을 제1군으로 개편하고 새로이 제2군을 창설하였다. 러일전쟁 때 임

난징의 중지나방면군 수뇌부

왼쪽부터 지나방면함대 사령장관 겸 제3함대 사령장관 하세가와 키요시(長谷川淸) 해군중장, 중지나방면군 사령관 마쓰이(松井石根) 육군대장, 상하이파견군 사령관 아사카노미야 야스히코(朝香宮鳩彦: 황족, 마쓰이의 후임) 육군중장, 제10군사령관 야나가와(柳川平助) 육군중장

시로 편성하였던 사단 상위의 조직인 '군'이 다시 등장한 것이다. 뿐만 아니라 '군' 위의 조직으로 북지나방면군(北支那方面軍)도 창설되어 제 1·2군의 상급 부대가 설치되었다. 일시에 사단 상위에 '군'과 '방면군'이라는 두 단계의 조직이 생긴 것이다. 신설된 북지나방면군 사령관에는 전 육군대신으로 교육총감을 맡고있던 테라우치가 임명되었다. 한편 참모본부에서 비확대방침을 주장하던 제1부장 이시하라 소장은 관동군 참모부장(參謀副長)으로 밀려났다.

국내적으로는 8월 24일 「국민정신총동원실시요강」을 각의결정하고 '거국일치' '진충보국(盡忠報國: 충성을 다해 국가에 보답함)' '견인지구(堅忍持久: 굳세게 참고 버팀)'를 슬로건으로 내걸었다. 9월 10일에는 임시군사비특별회계법이 공포되고, 10월에는 국민정신총동원중앙연맹이 설립되었다. 또한 정부 내의 내각자원국(內閣資源局)과 기획청을 통합하여 기획원이 설립되어 계획경제 체제 확립을 위한 작업이 진행되었다. 외교면에 있어서는 히로타 내각이 독일과 체결한 방공협정에 이탈리아를 추가시킴으로서 일본은 전체주의 체제로 돌진하기 시작하였다.

　한편, 상하이파견군이 상하이에서 중국군과 고전을 거듭하자 새로이 편성된 제10군이 이 지역에 증파되어 전세를 역전시켰다. 11월에 상하이파견군과 제10군을 통괄하는 중지나방면군(中支那方面軍)이 창설되어 상하이파견군 사령관이던 마쓰이 대장이 사령관에 임명되었다. 상하이에서의 전투가 일단락되자 제10군은 당시 중국의 수도 난징(南京) 공격을 주장하며 독단적으로 진격을 개시하였다. 이후 상하이파견군까지 합세하여 12월 13일 난징이 함락되기까지 난징대학살이라는 비극이 벌어졌다. 이 참극을 벌인 제10군 사령관이 「황도파」의 중심인물 중의 한 명으로 아라키 육군대신 밑에서 육군차관을 지낸 야나가와 헤이스케(柳川平助, 12기) 중장이다. 2·26사건 후 예편하였다가 제10군의 창설과 함께 예비역에서 소집되어 사령관에 임명되었다. 특히 제10군 예하의 6사단에서 '100인 베기' 경쟁 사건이 발생하였다.

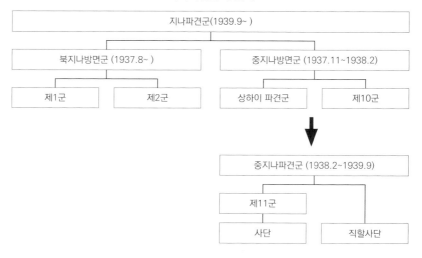

지나파견군의 편제

지나파견군(1939.9~)

북지나방면군 (1937.8~)

중지나방면군 (1937.11~1938.2)

제1군

제2군

상하이 파견군

제10군

중지나파견군 (1938.2~1939.9)

제11군

사단

직할사단

1938년 2월 중지나방면군이 중지나파견군으로 개편되면서 마쓰이와 야나가와는 소집해제 되고, 중지나파견군 사령관에는 하타 슌로쿠(畑俊六, 12기) 대장이 임명되었다. 그후 야나가와는 1940년 12월 제2차 고노에 내각의 사법대신으로 입각하기도 하였으나 1945년 1월 지병으로 사망하였다. 그러나 마쓰이는 패전 후 난징대학살의 책임자로서 극동국제군사재판(도쿄재판)에서 교수형에 처해졌다. '100인 베기' 사건이 있었던 6사단장 타니 히사오(谷寿夫, 15기) 중장도 1939년 예편하였으나, 패전 후 전범으로 체포된 뒤 중국에 인도되어 난징군사재판에서 총살형에 처해졌다.

일본은 난징 함락을 계기로 중일전쟁의 1단계가 완료되었다고 보았다. 이듬해인 1938년 1월 11일 어전회의에서 육군참모본부의 주도로

「지나사태 처리의 근본방침」이 결정되어, 독일의 중재에 의한 중국과의 강화를 모색한다는 방침이 세워졌다. 이 독일을 통한 중재는 주중 독일대사 트라우만(O. Traumann)이 주도하는 것으로 이미 상하이와 난징이 함락될 무렵부터 본격적으로 추진되고 있었다. 여기에 적극적으로 참여한 인물이 새로이 육군참모본부의 실질적인 책임자가 된 참모차장 다다 하야오(多田駿, 15기) 중장이었다.

쉬저우(徐州)에서의 테라우치 북지나방면군 사령관(오른쪽)와 하타 중지나파견군 사령관. 1938년

다다는 장군이 되기 전 세 번이나 중국정부의 초청으로 베이징육군대학의 교관을 역임하였다. 그리고 1935년 8월부터 1936년 5월까지 지나주둔군 사령관과 상하이파견군 예하의 사단장을 지낸 육군 내에서 손꼽히는 중국통 장군이었다. 다다 참모차장은 참모본부 전쟁지도과장-작전과장 가와베 토라시로(河辺虎四郎, 24기) 대좌, 육군성 군무과장 시바야마 켄시로(柴山兼四郎, 24기) 대좌와 함께 중국 사태의 확대 저지에 노력했다. 해군에서도 군령부의 실질적 책임자인 군령부 차장 고가 미네이치(古賀峯一, 해병 34기) 중장이 정전협상에 적극적인 자세를 보이고 있었다. 당시에도 육군참모총장과 해군군령부총장(군령부장에서 명칭 변경)은 황족 간인노미야 원수와 후시미노미야 대장이었다.

그러나 트라우만의 중재로 중국군 측과 일본의 육군참모본부가 조정해 온 정전안에 일본 내각이 무리한 조건을 추가하며 트집을 잡기 시작하였다. 특히 내무대신이 강경론의 선두에 나섰으며, 고노에 수상과 스기야마 육군대신, 히로타 외무대신, 요나이 해군대신도 이에 동조하였다. 이후 해군의 고가 군령부 차장은 요나이 해군대신의 설득에 따라 해군의 입장을 통일하였다. 끝까지 중국과 정전 교섭을 성사시켜 보려고 버틴 사람은 다다 육군참모차장 뿐이었다. 다다 참모차장에게 히로타 외무대신이 "나의 오랜 외교관 생활의 경험에 비추어 볼 때, 중국 측의 태도는 사태를 평화적으로 해결하겠다는 성의가 없는 것이 분명합니다. 참모차장은 이 외무대신을 믿지 못합니까?" 하고 몰아붙였다. 결국 1월 14일 고노에 내각은 정전교섭을 중단한다는 각의결정을 내리고, 1월 16일 "앞으로 국민정부(蔣介石 정부)를 상대하지 않는다"는 고노에 성명을 발표하기에 이르렀다. 중국과 평화적 해결의 기회를 완전히 차단해버린 것이다.

이와 함께 4월에는 국가총동원법과 전력(電力)국가관리법을 공포하여 5월부터 시행에 들어갔다. 경제 분야에 있어서도 전시체제(戰時体制)를 도입하여 국가사회주의화가 진행되었다. 또한 전쟁경비 조달을 위한 적자국채인 '지나사변공채'(支那事変公債)를 대량으로 발행하여 경제 각 분야에 강제로 할당하였다. 그런데 3월 국회에서 국가총동원법안을 심의하는 위원회에서 해프닝이 벌어졌다. 법안을 설명하던 육군성 군무과 국내반장 사토 켄료(佐藤賢了, 29기) 중좌가 야유하는 국회의원을 향해 "조용히 해!" 하고 소리쳤다. 이에 대해 국회의원들이 사토의 태도를 질책하자 사토는 회의장에서 퇴장해버렸다. 이 소동은 스기야마 육군대신의 사과로 일단락되었지만, 당시 군부가 정치를 대하는 자세의 일면을 보여주는 장면이었다.

이 무렵 고노에 수상은 자신이 중일전쟁 확대파에 휘둘리고 있다는 자각을 했는지, 황족 육군참모총장의 도움을 얻어 스기야마 육군대신을 경질하기로 마음먹었다. 이와 함께 1938년 5월 외무대신과 대장대신도 교체하는 개각을 단행하였다. 신임 외무대신에는 전 육군대신으로 수상에 오를 뻔 했던 우가키를 임명하고, 대장대신에는 하야시 내각 때에 대신 물망에 올랐던 미쓰이(三井)재벌 총수 이케타 시게아키(池田成彬)를 임명하였다.

문제의 육군대신에는 두 번씩이나 육군대신 물망에 올랐던 중일전쟁 비확대파인 이타가키(板垣征四郞, 16기) 중장이 임명되었다. 이타가키는 중국에 파견된 3개 사단 중의 하나인 5사단장으로 제2군 예하에서 장쑤성(江蘇省) 쉬저우(徐州) 전투에 참가하고 있었다. 그러나 수상으로서도 이타가키가 중일전쟁을 수습할 능력이 있는지에 대해서는 확신이 없었다. 이에 대한 보완책으로「황도파」전 육군대신 아라키를 입각시키기로 하였다. 아라키가 중위 시절 중앙유년학교 구대장으로 근무하고 있었을 때 이타가키가 학생이었다는 과거의 관계가 입각 이유였다. 아라키가 이타가키 육군대신의 후견인 격인 셈이다. 그런데 맡은 각료직이 문부대신이었다. 육군대신에 대한 후견인 역할뿐 아니라 본업(?)인

문부대신으로서 전매특허인 '황도사상'을 교육에 펼치게 된 것이다.

어쨌든 이타가키가 육군대신으로 임명되자 육군성의 인사이동이 뒤따랐다. 육군대신이 육사 12기에서 16기로 뛴 것이다. 15기의 우메즈(梅津美治郎) 육군차관이 텐진의 제1군 사령관으로 나갈 수밖에 없었다. 후임에는 17기의 관동군 참모장 도죠(東條英機)가 부임했다. 도죠는 중일전쟁 확대파였다. 그럼에도 차관이 될 수 있었던 것은 이타가키가 육군성 근무 경험이 거의 없었기 때문에, 육군성 근무 경험이 풍부한 도죠를 필요로 했다. 그 결과 육군 수뇌부의 최고참은 참모본부의 실세 15기의 다다 참모차장이 되었다. 이타가키와 다다는 같은 센다이(仙台)지방유년학교 출신이었고, 중국과 만주에서 근무한 경험이 많아 가까운 사이였다. 그러나 다다 참모차장의 카운터파트는 도죠 육군차관이다. 하지만 다다는 육군성과 협의를 할 때 도죠를 패스하고 이타가키 대신과 직접 상대했다. 도죠는 이 점을 매우 불쾌하게 생각했다.

두 사람의 불편한 관계는 결국 12월에 인사문제로 폭발했다. 도죠는 관동군 참모장으로 있을 때에 참모본부에서 쫓겨나 자신의 바로 아래 자리인 참모부장(參謀副長)으로 온 이시하라(石原莞爾, 21기)와 만주의 지배 방식을 놓고 대립한 적이 있었다. 이에 대해 도죠는 상관에게 대든 이시하라를 괘씸하게 생각했고, 이번 기회에 한직으로 쫓아 보내려고 마음먹었다. 이시하라로 보면 2번 좌천당하는 꼴이 되는 것이다. 여기에 끼어든 사람이 다다 참모차장이었다. 얼마 전까지 자신의 부하로 중일전쟁을 수습해보려고 노력하다 관동군으로 밀려난 이시하라를 또다시 한직으로 보내려는 도쿄에게 이의를 제기한 것이다. 그러나 도쿄는 자신의 의사대로 이시하라를 마이즈루(舞鶴) 요새사령관으로 발령 내었다. 마이즈루에는 해군 군항과 기지가 있고 이 주위를 방어하는 육군부대 책임자가 요새사령관이다. 소장 보직으로서는 매우 한직이다. 다다와 도쿄의 대립이 한계를 넘어섰고, 이타가키는 하는 수없이 두 사람을 경질할 수밖에 없었다. 다다는 관동군 예하의 제3군 사령관으로, 도쿄는 육군항공총감으로 전임되었다. 그러나 도쿄의 보직은 결코 좌천이 아니라 오히려 영전으로도 볼 수 있는 직책이었다. 이 일로 이타가키와 다다의 관계도 멀어지기 시작했다.

지나파견군 편제의 확대와 함께 관동군 편제도 증강되었다. 1938년 1월부터 1939년 8월 사이에 관동군 예하에 제3·4·5·6군이 신설되었다. 이타가키가 육군대신이 되고 2개월 후, 그리고 관동군 편제가 증강되고 있을 무렵인 1938년 7월말 만주와 소련의 국경지대인 장고봉(張鼓峰)에서 관동군과 소련군이 충돌하는 사건이 발생했다. 이타가키 육군대신은 천황에게 무력행사의 재가를 요청했다. 이에 천황이 "관계대신과 협의를 했는가?" 하고 묻자 "외무대신·해군대신도 찬성입니다"라고 대답하였다. 그러나 이 두 사람이 반대라는 것을 알고 있던 천황으로부터 "나를 속이는가?"고 질책을 받기도 하였다. 장고봉 사건에서 일본은 커다란 희생을 치렀다.

한편, 신임 외무대신 우가키는 영국의 중재에 의한 중국과의 종전협상을 추진하고 있었다. 그러나 고노에는 우가키에게 "'(중국의) 국민정부를 상대하지 않겠다'는 내 성명에 구애받지 말고 사태 해결에 힘써 달라"는 부탁과는 달리, 장제스(蔣介石) 정권에 대한 적대적 자세를 유지하며 전선(戰線)의 확대를 계속해 나갔다. 중일전쟁 불확대파인 이타가키 육군대신도 강경론으로 선회하였다. 우가키의 종전협상에 '장제스의 하야'를 조건으로 내세우는 등 결과적으로 협상 실패의 원인을 제공했다. 그 배경에는 도죠(東條英機) 육군차관 이하 강력한 중일전쟁 확대파들이 이타가키 육군대신을 압박했다고 보는 설이 유력하다. 육군 내의 하극상 풍조의 결과였다. 후견인 역할을 기대했던 아라키도 별 소용이 없었다.

거기에다 고노에 수상은 중국 내의 점령지 관리를 담당할 기관으로 「흥아원」(興亞院)을 설치하였다. 이는 대중 외교의 주도권을 외무성으로부터 빼앗으려는 시도였다. 우가키는 이에 반발하여 임명 4개월만인 9월말 외무대신을 사임하였다. 결국 고노에는 자신이 중국 내의 친일세력들과 추진했던 종전협상이 실패로 끝나자 1939년 1월 내각총사직을 하였다. 젊은 귀족 수상에게 걸었던 기대는 물거품처럼 사라지고 결과적으로 고노에는 혼란만 가중시키고 물러난 것이다.

공안통 법조관료 내각의 외교 실패

고노에 내각의 총사직에 따라 유아사 쿠라헤이(湯浅倉平) 내대신이 후임 수상 인선을 협의하고자 사이온지를 찾았다. 사이온지는 말없이 듣기만 하였다. 유아사는 '자신의 책임' 하에 히라누마 키이치로(平沼騏一郎) 추밀원 의장을 추천하였다. 사이온지는 이 무렵부터 보고를 받기만 할 뿐 일체의 의견을 말하지 않았다. 그만큼 쇠약해져 있었다.

이렇게 하여 수상의 자리에 오른 히라누마는 도쿄제국대학의 전신인 제국대학 법학과를 졸업한 법조관료였다. 당시는 3권분립이 정립되어 있지 않았으므로 내각의 사법성이 대심원(大審院: 대법원에 해당)과 대심원 검사국(대검찰청에 해당)을 관할하고 있었다. 따라서 판사와 검사의 인사 교류가 통상적으로 이루어졌다. 히라누마는 판사와 검사를 두루 거치며 1912년 12월부터 1921년 10월까지 대심원 검사국 검사총장(검찰총장에 해당)을 9년간 역임하였다. 이어 대심원장(대법원장에 해당)을 2년간 역임한 후, 1923년 9월 제2차 야마모토 곤베 내각의 사법대신이 되었다. 법조관료로서 최고위직 모두를 역임한 인물이다. 그후 고쿠혼샤(国本社)라는 국수주의(国粹主義)를 표방하는 우익단체를 결성하여 회장이 되었다. 동시에 추밀원 고문을 거쳐 추밀원 부의장을 10년간 역임한 후, 2·26사건 직후인 1936년 3월 추밀원 의장이 되었다.

히라누마는 1910년, 사회주의자이며 아나키스트였던 고토쿠 슈스이(幸德秋水)를 중심으로 한 메이지천황 암살계획 사건(일본에서는 「대

내대신 유아사 쿠라헤이(앉은 사람)와 히라누마 키이치로(1937년 5월)

역(大逆)사건」으로 부름)의 관련자들에게 사형을 구형한 검사였다. 이러한 좌익 관련 사건에 강경한 입장으로 대처한 '사상검사'였다. 한국에서 말하는 '공안검사'였다. 사법대신이 된 뒤에도 사상 통제를 위한 칙령을 만들었고, 이것이 1925년 「치안유지법」으로 법제화되었다.

그러나 이러한 히라누마의 국수주의적인 자세는 주위로부터 경원 대상이 되었다. 추밀원 부의장을 10년 역임한 것도 이런한 점 때문이었다. 보통 추밀원 부의장을 짧게는 1-2년, 길어야 5년 정도 역임하고 추밀원 의장이 되는 경우가 일반적이었다. 그러나 히라누마는 10년간이나 부의장에 있었다. 1934년 5월 사이온지와 껄끄러운 관계였던 추밀원 의장이 사임하면서 자신의 후임에 히라누마를 앉히려고 하였으나 사이온지 등의 반대로 이루어지지 않았다.

또한 히라누마는 과거 수 차례 수상 물망에 올랐었다가 낙마한 경험도 있다. 5·15사건 직후 수상 후보에 올랐으나, "파쇼적인 인물은 절대 불가"라는 천황의 의견도 있었고, 원로 사이온지도 같은 생각이었기 때문에 불발로 끝났다. 그 결과 해군 출신의 사이토(斎藤実)가 수상이 되었다. 이 사이토 내각을 쓰러뜨린 테이진(帝人)사건은 검찰의 기획·표적 수사의 결과였다. 그 배후에는 수상의 자리도, 추밀원 의장의 자리도 차지하지 못한 히라누마가 있었다는 설이 유력하다. 그 후임인 오카다(岡田啓介) 내각 때에는 천황기관설 문제로 오카다 수상이 곤혹을 치렀다. 이러한 국수주의적 여론몰이의 배후에는 히라누마가 있었다고 보고 있다.

2·26사건 후에도 당시의 추밀원 의장은 부의장인 히라누마를 수상 후보로 추천하였고 사이온지는 고노에를 밀었다. 결과는 어느 쪽도 아닌 히로타가 수상이 되었다. 히로타 내각의 붕괴 이후에 사이온지는 수상 후보로 우가키(宇垣一成)를 추천했다. 그러나 이 구상이 좌절되자 히라누마와 하야시(林銑十郎)가 후보로 올랐고, 이번에는 아예 히라누마가 사퇴하여 하야시 내각이 탄생하였다. 이제 히라누마를 거부해 온 사이온지가 노쇠하여 그 영향력을 잃게 되자 드디어 히라누마에게 기회가 온 것이다.

히라누마 내각은 고노에 내각의 연속이나 마찬가지였다. 육·해군대신과 아라키 문부대신을 포함한 5명의 각료가 유임되었다. 그러나 고노에 내각에서 국가사회주의 체제로의 전환에 앞장섰던 각료는 배제되었다. 히라누마와 같이 '순수한 일본정신주의'를 강조하는 부류를 '관념(観念)우익'이라고 부른다. 이들은 고노에가 추진하던 「신체제(新体制)운동」 즉 국가사회주의를 자신들이 뿌리뽑고자 했던 사회주의와 가까운 것으로 보고 있었다.

국내적으로는 국민총동원 체제를 실질적으로 추진하기 위하여 내각에 국민정신총동원위원회를 설치하였다. 그리고 문부대신인 아라키를 위원장으로 임명하여 거국일치 체제를 정비해 나갔다. 아라키는 고노에 내각 때부터 '황도(皇道)교육'을 전면에 내걸고 사상면에 있어서 전시체제를 강화해 나갔다. 각 대학에 강제적으로 군사교육을 실시함으로써 군부의 학교에 대한 지배를 강화시켰다. 도쿄제국대학의 경우, 아라키가 육군대신 때 군사훈련을 실시하도록 요구하였으나 대학 측이 거부하였다. 그러나 문부대신이 된 후에는 강제적으로 군사훈련을 실시하도록 하여, 도쿄제국대학에서도 군사훈련이 실시되었다.

당시 최대의 현안인 중국문제는 '국민정부를 상대하지 않는다'는 고노에 성명에 따라 중국 내의 친일정권을 상대로 하여 중일전쟁을 종결짓고자 했다. 그러나 이 시도는 완전히 실패로 끝났다. 중일전쟁 비확대파로서 육군대신에 임명된 이타가키도 무용지물이었다. 장고봉사건으로부터 약 1년 후인 1939년 8월에 발생한 노몽한사건에서도 관동군과 소련군이 국경에서 충돌하였다. 당시 일본의 참모본부는 비확대방침을 결정하였으나 관동군이 이를 무시하고 독주하였다. 그 결과 일본군은 또다시 큰 희생을 치렀다. 그러나 이타가키 육군대신은 이 문제에 대해 "1개 사단 정도에 대해 일일이 간섭하지 말고 현지에 맡겨두면 되지 않는가"라며 관동군의 독단적 행동을 묵인하는 태도였다.

1939년 4월 텐진(天津)에서 친일적인 해관(海関: 세관) 감독이 항일게릴라에게 살해당하는 사건이 발생했다. 그 게릴라가 영국의 조계(租

界)로 숨어들었다. 이 범인의 인도를 둘러싸고 일본과 영국이 대립하였다. 급기야 6월 일본군이 영국과 프랑스 조계의 교통을 차단하여 사실상 봉쇄하는 사태로 확대되었다. 결국 영국이 양보했지만, 이에 미국이 반발하여 7월 미·일 통상항해조약의 폐기를 통보해왔다. 일본은 점점 외교적으로 고립되어 갔다. 일본은 1936년 독일과 맺은 방공(防共)협정에 1937년 이탈리아를 포함시켰다. 그리고 이를 더욱 구체화시키기 위해 3국동맹을 추진하였다. 이 조약에 육군은 적극적이었으나 해군은 대체적으로 반대 입장이었다. 특히 요나이 해군대신은 만약 동맹조약을 체결한 뒤, 일본·독일·이탈리아와 미국·영국·프랑스·소련이 전쟁을 한다면, 일본 해군은 미국·영국의 해군과 전쟁을 수행할 능력이 없다고 명확히 반대하였다.

한편 1939년 8월 23일 독일은 소련과 불가침협정을 체결하였다. 일본은 독일과의 방공협정을 기반으로 반소세력을 결집하고자 하였으나, 독일에게 완전히 무시당한 꼴이 되었다. 결국 히라누마 내각은 이 외교적 실패를 수습하지 못하고 8월 28일 총사직을 발표하였다.

단명의 육군내각·해군내각

히라누마의 후임 수상을 논의하는 자리에서 기력이 쇠약해진 사이온지는 "희생한다는 마음으로 맡아준다면 좋겠지만"이라는 전제 하에 우가키와 고노에 내각에서 대장대신을 맡았던 미쓰이(三井)재벌 총수 이케다 시게아키(池田成彬)를 천거하였다. 그러나 유아사 내대신과 고노에 추밀원의장은 예비역 육군대장 아베 노부유키(阿部信行)를 후임으로 결정하였다.

아베는 이시카와현(石川県県) 가나자와시(金沢市) 출신으로 당시 최고 명문 중학교인 도쿄부 제1중학교(東京府第1中学校: 현 히비야(日比谷)고등학교)을 거쳐 가나자와의 제4고등학교에 진학하였다. 당시의 고등학교는 제국대학의 교양과정을 담당하는 학교로 전체 학생이 제국대학에 입학할 수 있었다. 따라서 전후의 고등학교와 구별하기 위해 '구제(旧制) 고등학교'로 부른다. 이 구제 고등학교 중의 최고 명문교는 도쿄의 제1고등학교로 현재의 도쿄대학 교양학부이다. 제4고등학교는 이시카와현에 국립대학이 없었으므로 전후 국립 가나자와대학(金沢大学)이 되었다. 어쨌든 아베는 대단히 공부를 잘 했다는 것만은 확실하다. 그러나 그는 구제 고등학교를 중퇴하고 육군사관학교(9기)에 들어갔다. 따라서 육사에서는 유년학교 출신자가 아닌 중학교 출신자였다. 그것도 구제 고등학교를 중퇴한…. 다시 말해 육사에서는 다소 '학력 과잉'(?)이었다. 그 후 육군대학에 입교했다가 러일전쟁으로 교육을 중단하고 참전하였다. 전쟁이 끝난 다음 육대에 복교하여 졸업하였다. 역시 성적이 우수하여 3등으로 졸업, 천황으로부터 군도(軍刀)를 하사받은 '온시구미(恩賜組)'가 되었다. 군인보다는 제국대학을 나와 고급관료가 되는 것이 더 어울릴 것 같은 이미지다. 그렇지만 우가키벌에 속하여 승승장구하며 참모본부 총무부장, 육군성 군무국장, 육군차관 등의 요직을 두루 거쳤다. 그 후 사단장을 거쳐 타이완군 사령관이 되어 육군대장에 진급하였다. 그러나 군사참의관으로 있을 때 2·26 사건의 여파로 예편하였다. 그가 수상으로 등장한 것이다.

아베 수상은 육군대신 인선을 육군 3장관과 협의하여 관동군 예하의 제3군 사령관 다다(多田駿, 15기) 중장으로 결정하였다. 그러나 또다시 중견 막료들이 끼어들었다. "그렇게 되면 다다와 도죠(東條英機)의 대립이 다시 불거지고 피를 보게 될 것"이라고 말렸다. 이 상황에서 천황으로부터 "육군대신은 하타(畑俊六, 12기, 시종무관장) 대장이나 우메즈(梅津美治郎, 15기, 제1군 사령관) 중장으로 하라"는 의향이 전달되었다. 이는 매우 이례적인 일로서 '천황의 친정(親政)선언'에 가까운 것이었다. 결국 육군 3장관회의를 다시 열어 하타를 육군대신으로 결정하였다. 육군대신 인사를 둘러싸고 육군 3장관회의의 결정을 번복한 경우는 이것이 유일한 케이스였다.

하타는 아베가 졸업한 도쿄부 제1중학교를 중퇴하고 육군유년학교에 입학하여 아베와 중학교 선후배 관계였다. 또한 하타의 7살 위의 형 에이타로(英太郎, 7기)는 우가키벌이었다. 육군성 군무국장과 육군차관을 거쳐 관동군 사령관으로 재임 중 사망한 육군대장이었다. 일본 육군에서 황족을 제외하고 두 커플밖에 안 되는 형제 대장이다.

당시 하타 슌로쿠(畑俊六)는 교육총감·중지나파견군(中支那派遣軍) 사령관을 거쳐 시종무관장(侍從武官長)이었다. 천황으로부터 각별한 신임을 받고 있었으며, 천황의 지명(?)에 따라 시종무관장 부임 3개월만에 육군대신이 되었다. 천황은 하타에게 육군 강경파에 끌려가고 있는 중일전쟁의 해결과 독일·이탈리아와 3국동맹으로 기울고 있는 육군의 폭주에 제동을 걸어줄 것을 기대하였다. 그러나 중일전쟁은 해결의 실마리가 보이지 않았다. 육군은 북지나방면군과 중지나파견군을 통합하여 지휘할 총군(総軍)으로서의 지나파견군 총사령부를 난징에 신설하였다. 사단 위에 군-방면군-총군의 지휘체계가 된 것이다. 지나파견군 총사령관에는 교육총감 니시오 토시조(西尾寿造, 14기) 대장이 임명되었다. 니시오보다 선배인 북지나방면군 사령관 스기야마(12기) 대장은 군사참의관으로, 중지나파견군 사령관 야마다 오토조(山田乙三, 14기) 중장은 교육총감으로 이동되었다. 중일전쟁에 투입되는 군대의 규모가 점점 커지면서 끝없는 수렁으로 빠져들고 있었다.

엎친데 덮친 격으로 내각 출범 직후 독일이 폴란드를 침공함으로써 유럽에서 제2차 세계대전이 시작되었다. 아베 내각은 전쟁 불개입 방침을 취하며 교착상태에 빠진 중일전쟁의 해결에 전력을 다했다. 그러나 이러한 노력이 불발로 끝나고 출범 4개월만에 총사직하고 말았다.

이 무렵 일본은 중국과의 전쟁에 더하여 영국·미국과의 관계가 소

아베 내각

앞줄 왼쪽에서 두 번째가 아베 수상. 아베의 사진 왼쪽 위에 흰 해군 여름 정복을 입고 있는 사람이 해군대신 요시다 젠고(吉田善吾) 중장, 맨 뒷줄 가운데가 육군대신 하타 슌로쿠(畑俊六) 대장이다. 아베 수상은 당시 예비역이었으나 군복을 입고 수상에 취임하였다. 그런데 1938년 6월 육군 군복이 바뀌어 목에 깃이 달리고, 계급장은 어깨에 세로로 붙였던 것을 목의 깃에 붙이게 되었다. 아베는 예비역이라 이전의 군복을 입고 있고, 하타는 새 군복을 입고 있다.

원해졌다. 소련과는 군사적 충돌이 일어났고, 독일로부터는 무시를 당했다. 일본은 외교적으로 고립무원의 상태로 몰리게 되었다.

후임 수상에는 아베 내각 출범과 함께 해군대신에서 군사참의관으로 물러나 있던 영·미 협조파 요나이 미쓰마사(米內光政, 해병 29기) 대장이 임명되었다. 하타 육군대신도 후보에 올랐으나 유아사 내대신이 추천한 요나이가 수상이 되었다. 하타는 그대로 육군대신에 유임되었다. 요나이는 당시 현역 해군대장이었으나 수상 취임과 동시에 예비역이 되었다. 주위로부터 그대로 현역으로 남아있으라는 권유도 있었지만, 요나이는 "그렇게 되면 통수권 간범(干犯)에 관련될 수 있다"며 미련

요나이 내각

앞줄 왼쪽에서 두 번째의 해군 군복차림의 요나이 수상. 요나이의 사진 오른쪽 옆 얼굴이 해군대신 요시다 젠고(吉田善吾) 중장, 해군대신 오른쪽 위가 육군대신 하타 슌로쿠(畑俊六) 대장이다.

없이 예편하였다. 당시 60세였으므로 정년까지 5년이나 남아있었다. 해군 내부에서는 수상에서 물러나면 해군군령부총장을 맡아주기를 기대했으므로 그의 예편을 매우 아쉬워했다.

그러나 일본에 시운(時運)이 따르지 않았던지, 예기치 못한 사건이 발생하였다. 일본 근해의 공해상에서 영국의 순양함이 일본의 여객선을 검문하는 사건이 발생했다. 당시 영국은 유럽에서 독일과 2차대전 중이었다. 영국 해군은 일본 배에 타고 있던 독일인 남자 21명을 전시(戰時) 포로로 연행하였다. 요나이 수상은 영국과 어려운 협상을 하여 독일인을 전원 석방시켰다. 그러나 국내 여론은 요나이 수상의 협상 태도를 저

자세 외교라고 비난하였다. 이와 함께 한때 수그러졌던 독일·이탈리아와의 3국동맹 추진론이 고개를 들기 시작했다.

결국 육군이 조직적으로 요나이 내각에 비협조적 자세를 취하면서 요나이 내각이 위기를 맞게 되었다. 하타 육군대신은 요나이 내각에서 유임될 때 천황으로부터 내각에 협력하라는 '엄명'을 받았다. 그러나 육군이 3국동맹 문제와 관련 요나이 내각에 반대 입장을 분명히 하면서 하타에게 사임하도록 압박하였다. 육군 내의 최고 서열인 간인노미야 참모총장도 하타에게 사임할 것을 종용하였다. 하타는 고민 끝에 '천황의 엄명'보다 '조직의 뜻'을 따랐다. 하타가 사임하고 육군은 후임 육군대신을 내지 않았다. 결국 요나이 내각은 6개월만에 붕괴하고 말았다. 1939년 1월 히라누마 내각 성립 이후 1년 7개월 사이에 3명의 수상이 바뀐 것이다. 하지만 요나이는 내각이 붕괴하는 순간에도 하타의 고뇌에 찬 모습을 보면서 "하타가 자살할지도 모르겠다"며 걱정을 했다고 한다. 자신의 내각을 붕괴시킨 장본인이지만 함께 일한 각료의 심경을 헤아릴 줄 아는 리더였다.

패전 후, 요나이는 극동국제군사재판에서 하타를 위하여 증언대에 섰다. 하타는 A급 전범으로 기소되었고, 기소 내용 중 요나이 내각을 붕괴시킨 행위가 가장 중요한 논점이 되었다. 당시 군사재판에서 전범으로 기소된 군인을 위해 증언하는 것을 모두 꺼리는 분위기였다. 그러나 요나이는 증인으로 나와서 철저하게 하타를 변호하였다. 요나이는 하타가 육군대신을 사임함으로써 내각을 붕괴시킨 것이 하타 자신의 의사가 아니라, 육군이라는 거대한 조직 속에서 어쩔 수 없는 선택이었다고 이해하고 있었다. 검찰 측이 당시의 신문기사 등을 증거로 제시하며 추궁하였지만 요나이는 "모릅니다" "기억나지 않습니다" "그렇지 않습니다" 등으로 일관하였다. 재판장으로부터 "이렇게 우둔한 수상은 태어나서 처음 본다"고 면전에서 모욕을 당하기도 했으나 끝까지 하타를 감쌌다. 덕분에 하타는 사형을 면하고 종신금고형을 받아 6년간 복역한 후 1954년 가석방되었다. 요나이는 그보다 먼저 1948년 지병으로 사망하였다. 하타는 요나이에 대해 "고매한 도량과 고결한 인품은 군인의 참다운 표상이었다"며 "평생 감사와 감동을 잊을 수 없다"고 술회하였다. 하타가 요나이보다 한 살 위였다.

한 가지 사족을 덧붙이자. 요나이가 사망하고 12년이 지난 1960년 요나이의 고향인 이와테현(岩手県) 모리오카시(盛岡市)에서 요나이의 동상 제막식이 열렸다. 행사에 참가하는 사람들이 모이기 전, 사람들의 시선을 피해가며 주위의 잡초를 뽑고 있는 노인이 있었다. 81세의 하타였다. 하타는 2년 뒤 1962년 사망하였다. 마지막 살아있던 원수 육군대장이었다.

고노에의 재등장 - 귀족 정권의 한계

요나이 내각의 총사직으로 후임 수상의 임명은 기도 코이치(木戶幸一) 내대신을 중심으로 협의가 이루어졌다. 유아사가 건강상 이유로 사임하여, 1940년 6월 1일자로 기도가 내대신에 임명되어 있었다.

기도는 메이지유신의 원훈(元勳: 국가를 위해 큰 공을 세운 사람) 기도 타카요시(木戶孝允)의 손자이다. 기도 타카요시는 죠슈(長州) 출신으로 사쓰마(薩摩) 출신의 사이고 타카모리(西鄕隆盛), 오쿠보 토시미쓰(大久保利通)와 함께 유신 3걸로 불린다. 기도 타카요시는 메이지 정부의 중심 인물로 활약했으나 건강이 나빠 1877년 44세로 사망하였다. 그후 1884년 화족령(華族令)이 제정되었을 때, 다이묘(大名) 집안이나 구게(公家: 조정(朝廷)의 고관) 집안 이외의 사람으로 화족이 된 사람은 기도와 오쿠보의 후손뿐이었다. 두 집안 모두 최고위인 공작 다음의 후작(侯爵)에 서위되었다. 기도 코이치는 황족과 화족들의 교육기관인 학습원(学習院) 중등과를 다녔는데 고노에의 1년 선배였다. 교토(京都)제국대학 법학부를 졸업하고 상공성 관료가 되었다. 그 후 1930년 친구인 고노에의 추천으로 마키노(牧野伸顕) 내대신의 비서관장(祕

기도 코이치

書官長: 비서실장)이 되었다. 그리고 제1차 고노에 내각에서는 문부대신과 후생대신을, 히라누마 내각에서는 내무대신을 역임했다.

1939년 8월 내무대신을 사임한 후 1940년에는 고노에와 함께 신체제 구상에 참여하던 중 내대신에 임명되었다. 원로 사이온지는 고령으로 수상 추천을 거부하였다. 특히 고노에를 추천하려는 움직임에 대해서는 제1차 내각 당시의 실망감 때문에 일체 의사표명 없이 입을 닫아버렸다. 이러한 상황에서 기도 내대신이 고노에의 재등장에 중요한 역할을 한 것이다. 내대신이 전직 수상으로 구성된 중신회의(重臣会議)를 주재하여 여기에서 수상 후보를 추천하였다. 수상의 임명에 내대신의 입김이 크게 작용할 수 있는 구조였다.

고노에는 수상에서 물러난 후, 1940년 무렵부터 신당(新党) 구상에 들어갔다. 고노에가 구상하는 신당은 독일의 나치당이나 소련의 공산당을 모델로 한 1국 1당의 독재정당이었다. 그는 3월 25일 성전(聖戰: 중일전쟁)관철의원연맹을 결성하였다. 5월에는 '신당 수립에 관한 각서'를 작성, 6월에는 '신체제 성명'을 발표하였다. 7월부터는 이에 호응하는 정당 및 정치세력들이 속속 정당을 해산하고 '신체제 운동'에 참여하였다.

한편, 유럽에서는 독일이 파죽지세로 유럽을 유린하고 있었다. 일본 내에서는 '버스 놓치지 말자'는 분위기가 높아지면서 독일과 이탈리아와의 3국동맹 체결론이 힘을 받기 시작하였다. 이러한 분위기를 우려하는 세력들이 '해군의 양식파' 요나이 수상에 기대를 걸어 보았으나, 육군의 조직적인 반발에 좌절하고 말았다. 이 상황에서 내대신이 된 기도는 함께 신체제 구상을 했던 '절친' 고노에를 후임 수상으로 민 것이다. 재등판이 확실시되고 있던 7월 19일 고노에는 새로운 내각의 구상을 시작하였다. 외무대신에 마쓰오카 요스케(松岡洋右), 육군대신에 육군항공본부장 도죠 히데키(東條英機, 17기) 중장, 해군대신에 요시다 젠고(吉田善吾, 해병 32기, 유임) 중장을 내정하고, 이들과 '동아신질서(東亜新秩序)'의 건설에 매진할 것을 합의하였다.

1940년 7월 성립한 제2차 고노에 내각은 「기본국책요강(基本国策要綱)」을 결정하고 '황도(皇道)정신에 입각하여 일본·만주·중국을 포함하는 대동아공영권을 확립한다'는 구상을 발표하였다. 이에 따라 신체제운동이 전개되었다. 8월에는 모든 정당을 '자주적'으로 해산시키고, 10월에 대정익찬회(大政翼贊会)가 결성되었다. 결국 1국 1당 체제를 만들어 의회정치에 조종(弔鐘)을 울렸다.

외무대신에 임명된 마쓰오카는 당시 보기 드문 미국 유학 출신자였다. 외교관이 되어 15년여 근무하다 1921년 외무성을 퇴직하고 남만주철도(만철)회사 이사로 변신하였다. 그 후 1930년 정우회(政友会) 소속으로 국회의원에 당선되었다. 국회의원 시절에는 당시 민정당(民政党)의 영·미 협조외교 노선과 대중(對中) 내정불간섭 주의를 통렬히 비난한 강경파였다. 이후 일본이 국제연맹에서 탈퇴할 당시의 전권대표를 맡기도 했다. 1933년 정우회의 탈당과 함께 국회의원을 사직하고 '정당해소(政党解消)연맹'을 결성하여 전국 유세를 벌이기도 했다. 1935년 만철

마쓰오카 요스케

총재에 취임하여 1939년 3월까지 재임한 후, 일본으로 돌아와 고노에의 신체제 구상에 참여하였다.

마쓰오카가 외무대신에 내정되자 주위에서 그의 강경 자세를 우려하는 목소리가 나왔다. 전 수상 히로타가 고노에에게 "마쓰오카는 위험하니 도고 시게노리(東鄕茂德) 주소련대사가 낫다"고 조언하였다. 그러나 고노에는 그대로 마쓰오카를 외무대신에 임명하였다. 20년만에 친정인 외무성에 돌아온 마쓰오카는 관료주의적 외교를 배제하겠다고 선언하였다. 주요국 대사를 포함한 외교관들을 해임하고 그 자리에 국회의원이나 군인들을 임명하는 등 관례를 무시하고 인사권을 휘둘렀다.

육군대신에 임명된 도죠는 취임 첫 훈시에서 장교들의 정치적 발언을 금지하기로 마음먹고 있었다. 따라서 "정치적 발언은 육군대신만이 하면 된다"는 것과 "병사들의 건강관리를 재검토하겠다"는 점을 언급하겠다고 표명하였다. 유임된 아나미 코레치카(阿南惟幾, 18기) 육군차관이 훈시를 앞둔 도죠에게 조언하였다. "병사들의 건강관리 문제는 육군성 실무진의 업무이니 대신이 언급할 문제는 아닙니다." 그러나 도죠는 이를 무시하고 취임 제1성으로 병사들의 건강문제를 들고 나왔다. 또한 전임 대신 때 이미 결정된 인사안도 모두 무시하고 자신의 생각대로 처리하였다.

당시 주요 외교현안은 교착상태에 빠진 중일전쟁, 악화일로에 있는 미·일관계, 그리고 3국동맹 체결 문제였다. 특히 중일전쟁 해결의 돌파구를 찾기 위해 일본은 미국과 영국의 장제스 정권에 대한 군사원조를 차단시키는 방법을 모색하였다. 이에 따라 그 경유지가 되고 있던 프랑스령 북부 베트남 정부에 대하여 중국에 대한 수출금지를 요청하였다. 그러나 이것이 제대로 이행되지 않자 일본은 프랑스와 독일이 전쟁상태인 것을 이용하여 9월 23일 북부 베트남에 군대를 진주시켰다. 이것은 참모본부 제1부장 '25기 삼총사'의 도미나가 쿄지(冨永恭次, 25기) 소장이 현지에 가서 남지나방면군(南支那方面軍)에게 독단적으로 명령한 것이었다. 이어서 9월 27일 독일·이탈리아와 3국동맹을 체결하였다. 해군은 변함없이 3국동맹에 반대 입장이었으나 내각의 화합을 깨트릴 수 없다며 찬성하였다. 오이카와 코시로(及川古志郞, 해병 31기) 해군대신은 히라누마(平沼騏一郎) 내각 때의 요나이(米內光政, 해병 29기) 해군대신과는 처신이 달랐다. 이로써 제2차 세계대전의 추축국의 진용이 갖추어진 것이다.

이어 10월 3일에는 9년 가까이 재임해온 간인노미야 참모총장이 사임하였다. 75세였다. 당시 육군의 현역 상층부의 면면으로는 군사참의관인 테라우치(寺內壽一, 11기), 스기야마(杉山元, 12기), 하타(畑俊六, 12기)

와 조선군 사령관인 나카무라 코타로(中村孝太郎, 13기)가 대장으로 모두 육군대신 경험자들이었다. 이들 중 참모총장에는 제1차 고노에 내각의 육군대신 스기야마가 임명되었다. 이로서 스기야마는 우에하라 유사쿠(上原勇作) 이래로 육군 3장관을 모두 역임한 장군이 되었다.

외무대신이 된 마쓰오카는 육군과 함께 3국동맹 체결에 적극적이었으나, 그보다는 소련과의 관계 개선을 더 바라고 있었다. 독일이 소련과의 관계 개선을 주선해 주기를 기대하였다. 즉, 3국동맹에 소련을 포함시킨 4국협상 체제를 구상하고 있었다. 이를 실현시키기 위하여 1941년 3월 12일부터 4월 22일까지 독일·이탈리아·소련을 방문하고, 4월 13일에는 소련과 중립조약을 체결하였다.

그러나 일본 국내에서는 외유 중인 마쓰오카를 제외하고 미국과 중일전쟁 해결을 위한 교섭이 비공식적으로 추진되고 있었다. 이 교섭에서 일본군을 중국대륙으로부터 단계적으로 철수시키고, 미국이 만주국을 사실상 승인하며, 3국동맹은 사문화(死文化)시킨다는 이야기까지 진행되고 있었다. 귀국하여 이러한 사실을 알게 된 마쓰오카가 이에 반발하였다. 그리고 미국에 강경 입장을 전달함으로써 이 교섭은 더 이상 추진되지 못하고 결렬되고 말았다.

그 후 독일과 소련과의 관계는 일본의 기대와는 정반대로 악화되었다. 6월 22일 독·소전이 발발하였다. 이러한 상황 전개에 따라 일본은 새로운 대응책 강구에 나설 수밖에 없었다. 육군은 잠재적 적국인 소련에 대해 군사행동을 할 수 있는 천재일우의 기회라고 생각하여, 소련에 일격을 가하자는 북진론(北進論)을 주장하였다. 반면 해군은 이 상황을 자원이 풍부한 남방에 진출할 수 있는 기회로 삼자는 남진론(南進論)을 주장하였다. 마쓰오카는 3국동맹에 의거하여 소련에 공격을 가할 것을 주장하며 육군에 동조하였다.

1941년 7월 2일 열린 어전회의에서 북진론에 대해서는 독·소전 발발에 따라 소련의 위협이 소멸되었다고 판단, 전반적으로 소극적인 태도였다. 따라서 남진론이 우세하였다. 그러나 마쓰오카는 남진론에 따른 프랑스령 남부 베트남에의 병력 진주를 극력 반대하며 북진론을 주장하였다. 그러나 2가지 방안을 모두 추진한다는 애매한 결론이 내려졌다. 이에 따라 7월 7일 '관동군 특종(特種)연습'이라는 명칭으로 독·소전의 추이에 따라 소련을 공격한다는 작전이 세워졌다. 관동군은 이미 14개 사단의 병력을 보유하고 있었다. 거기에 본국으로부터 300여 부대와 2개 사단이 동원되어 일시적으로 74만명의 병력이 만주에 집결되었다.

이러한 상황 속에서 타협할 줄 모르는 마쓰오카의 독단적인 행동은 지금까지 협력관계에 있던 육군과도 대립을 보이게 되었다. 독일에 대하여 반감을 가지고 있는 각료들과의 대립, 그리고 미국과의 교섭 결렬에 따른 문제 등으로 고노에 수상은 마쓰오카를 경질할 수밖에 없다는 결론에 이르게 되었다. 그러나 당시의 제도에 따르면 수상이 각료를 경질할 권한이 없었다. 각료의 인선, 즉 조각(組閣)은 수상이 하지만 임면권은 천황에 있었다. 따라서 고노에가 마쓰오카에게 사임할 것을 종용하였으나 마쓰오카가 이를 거부하였다. 하는 수 없이 7월 18일 내각이

'위장 총사직'하고, 다시 고노에를 수상에 임명하는 편법을 사용하여 마쓰오카를 경질하였다. 주위의 조언을 무시하고 임명을 밀어붙인 고노에의 행태가 만들어낸 사태였다.

그러나 이 와중에서도 육군대신 도죠 히데키는 '자신의 일'을 착착 수행하고 있었다. 3년여 전 도죠가 관동군 참모장으로 있었을 때 참모 부장으로 온 이시하라(石原莞爾)와 대립한 적이 있었고, 육군차관이 된 뒤 이시하라를 좌천시킨 일도 있었다. 육군대신이 된 도죠는 1941년 1월 육군대신 명의로 육군에 「전진훈」(戰陣訓: 전쟁에 임하는 자세)을 시달하였다. 이에 대해 사단장으로 있던 이시하라가 "쓰잘데 없는 훈계"라고 비판을 하였다. 3월 도죠는 이시하라 중장을 예편시켜 버렸다. 이 인사에 대해 아나미 육군차관이 맹렬히 반대하였다. 1개월 후 아나미 차관은 중국 전선의 제11군 사령관으로 전출되었다. 그리고 7월에는 도죠가 육군차관으로 있을 때 이시하라의 좌천 문제로 대립했던 당시 참모차장 다다(多田駿) 북지방면군 사령관을 대장으로 진급시켜 군사참의관으로 전임시키고 2개월 뒤에 예편시켰다. 그릇도 그릇이지만 '감히 따라갈 수 없는 뒷끝의 소유자'임을 여실히 보여주었다.

이 전진훈의 한 구절에 "전쟁에서 죽지 않고 포로가 되는 치욕을 당하지 말며, 죽음으로서 후세에 오명을 남기지 않는다"는 내용이 있다. 이 부분이 전쟁에서 '옥쇄'라는 미명 아래 많은 사람을 죽음으로 내몰았다.

마쓰오카를 경질하고 새로이 출범한 제3차 고노에 내각의 외무대신에는 해군 출신의 도요타 테이지로(豊田貞次郎, 해병 33기)가 임명되었다. 도요타는 제2차 고노에 내각 때 해군차관으로 현역 중장이었다. 그러나 도중 사임한 상공대신 후임으로 입각하면서 오이카와 해군대신에게 자신의 대장 진급을 강요하여 '하루살이 대장'으로 예편하고 상공대신에 임명되었다. 그가 상공대신 임명 3개월만에 외무대신을 맡게 된 것이다. 3국동맹 체결 당시 해군차관이었던 그는 "해군은 3국동맹에 반대 입장이지만 국내 정치의 조화를 위해 어쩔 수 없이 찬성하는 것"이라며, 앞으로 미국과의 교섭 책임은 외무성에 있다고 선을 그었다. 그러나 3국동맹 체결 10개월이 지난 뒤 그 책임을 자신이 떠안게 된 것이다. 고노에로서는 도요타 외무대신이 주미대사인 노무라 키치사부로(野村吉三郎, 해병 26기, 예비역 해군대장)와 같은 와카야마현(和歌山県) 출신이며, 해군 선후배 관계이므로 두 사람이 협조하여 대미교섭을 성사시켜 줄 것을 기대한 인사였다. 노무라 대사는 1932년 해군 제3함대 사령장관으로 상하이의 홍커우공원에서 윤봉길 의사의 폭탄에 한쪽 눈을 잃었다. 아베(阿部信行) 내각에서 외무대신을 역임했던 그는 해군 내의 대표적인 국제법 전문가였다.

　7월 23일 프랑스가 독일에 항복하였다. 일본은 프랑스의 비시(Vichy)정권으로부터 인도차이나의 권익을 이양받아 일본군이 프랑스령 남부 베트남에 진주하였다. 이에 대한 미국의 반발은 예상외로 강경했다. 미국과 영국·네덜란드는 자국 내의 일본 자산을 전면 동결시키는 조치를 취했다. 8월 1일에는 미국이 일본에 대한 석유 수출을 전면 금지시켰다. 미국과의 교섭은 불가능한 상태로 빠져들어 갔다. 9월 6일의 어전회의에서는 「제국국책수행요령」(帝国国策遂行要領)을 결정하였다. 내용은 '미국과 일단 외교적 수단으로 사태 해결을 모색하나, 10월 하순까지 대미전쟁 준비를 완료하고, 10월 상순에 해결의 실마리가 보이지 않으면 즉시 개전(開戰)을 결의한다'는 것이었다. 그러나 군 내부에서도 의견이 일치되지 않았다. 프랑스령 북부 베트남에 독단으로 군대를 진주시킨 책임을 지고 물러난 도미나가(冨永恭次) 참모본부 제1부장의 후임에 '25기 삼총사'의 한 명인 다나카 신이치(田中新一)가 임명되었다. 다나카는 대미 강경파였다. 그러나 같은 '25기 삼총사' 육군성 군무국장 무토 아키라(武藤章)는 신중파였다. 함께 대중 강경노선을 주장하던 때와는 상황이 달라졌다. 잇세키회(一夕会)의 리더였던 16기가 「황도파」와 「통제파」로 나뉘어 대립하던 양상이, 25기에서는 대미 강경파와 신중파로 입장을 달리하여 대립하게 된 것이다.

고노에는 이 상황에서 미국과의 수뇌회담에 기대를 걸어 보았으나 거절당하였다. 해군은 미국과의 전쟁에 승산이 없다고 판단하고 있었으므로 미국이 요구하는 중국과 인도차이나에서의 철수를 받아들여 교섭을 성사시키자는 입장이었다. 육군은 강경론을 주장하면서 고노에를 압박하였다. 결국 10월 14일의 각의에서 고노에가 적당한 이유를 만들어 철군을 받아들이고 협상을 성사시키자는 의견을 제시하였다. 이에 도죠는 격노하여 "철군문제는 심장(핵심)이다. 양보, 양보해서 심장까지 양보할 셈인가? 양보가 외교인가? 그것은 항복이다!"고 반발하였다. 이틀 뒤 고노에는 "지금 나는 이 상황을 외교로 해결할 수밖에 없다고 생각한다. 전쟁은 자신이 없다. (전쟁을 해야 한다면) 자신 있는 사람에게 맡길 수밖에 없다"며 정권을 내던지고 말았다. 참신한 이미지, 신체제운동을 내걸고 화려하게 등장했다가 뜻대로 안 되면 두 번씩이나 간단히 정권을 내던졌다.

후임 수상으로는 고노에와 도죠가 합의하여, 황족으로 현역 육군대장인 히가시쿠니노미야 나루히코(東久邇宮稔彦, 육사 20기)를 추천하였다. 이에 기도 내대신이 "만약 전쟁이 일어나게 되면 황실이 개전의 책임을 지게 된다"고 난색을 표했다. 결국 대미 강경론을 굽히지 않았던 육군대신 도죠가 후임 수상으로 결정되었다. 후일 기도의 판단에 대해 '미국과의 전쟁을 주장하는 육군을 통제하기 위해서는 현역 육군대신이며 실력자인 도죠 밖에 없으며, 또 도죠는 천황에 대한 충성심이 매우 강하므로 수상이 되면 천황의 의도를 생각하여 개전 반대에 전력을 다 할 것'이라고 생각했던 것 같다는 견해가 있다. 어쨌든 승산도 없는 강경론만을 밀어붙이는 도죠도 문제지만 고노에 공작, 기도 후작…, 귀족들의 생각과 행동이 이런 것인가 생각하게 되는 장면이다.

제 4 부

태평양전쟁과 패전

수상	육군대신	참모총장	교육총감
1942 —			
		杉山 元 대장·원수(12) 스기야마 하지메	山田乙三 중·대장(14) 야마다 오토조
	東條英機 대장(17) 도죠 히데키		
1943 — 東條英機 대장(17) 도죠 히데키			
1944 —			
		東條英機 대장(17)	杉山 元 원수(12)
			(본부장이 대행)
1945 — 小磯国昭 고이소 쿠니아키	杉山 元 원수(12) 스기야마하지메	梅津美治郎 대장(15) 우메즈 요시지로	畑 俊六 원수(12) 하타 슌로쿠
鈴木貫太郎 스즈키 칸타로	阿南惟幾 대장(18) 아나미 코레쳬카		土肥原賢二 대장(16) 도이하라 켄지

도죠 히데키〔東條英機〕

1941년 10월 18일 도죠가 수상에 임명되었다. 육군대신과 내무대신을 겸직하고 현역인 채로였다. 수상에 오르면서 예편한 요나이와는 달랐다. 아예 육군대신을 겸직하여 현역 신분을 내려놓을 수도 없었다. 거기에 당일로 육군대장에 진급했다. 당시 육군 인사규정에는 중장이 되고 5년이 경과해야 대장에 진급할 수 있다고 되어 있었다. 도죠

도죠 히데키

는 중장에 진급한지 4년 10개월로 대장 진급에 2개월이 부족한 상태였으나 규정을 변경하여 대장에 진급하였다.

도죠는 국민여론의 동향에 민감하였다. 그래서 히틀러의 수법을 받아들여 여론을 조작·이용하려 했다. 11월 17일 자신이 수상 취임 후 국회에서 행한 첫 시정방침 연설 장면을 촬영하여 정부의 홍보 영상인 '일본 뉴스'로 상영하였다. 이는 국회 개설 이래 처음 있는 일이었다. 당시까지 국회 내에서의 수상 및 각료의 연설이나 의원의 질문 장면을 영상으로 찍을 수 없었다. 즉, 히틀러의 영상을 통한 여론 조작의 수법을 시도한 것이다.

한편, 도죠는 황궁에서 수상으로 임명받을 때, 직접 천황으로부터 미국과의 전쟁 회피에 노력해달라는 당부를 받았다. 천황에 대한 충성심이 남달랐던 도죠는 지금까지의 태도를 바꾸었다. 외무대신에 대미 협조파인 도고 시게노리(東鄉茂德)를 임명하고, 고노에 내각 때 결정된 「제국국책수행요령」을 백지화했다. 그리고 미국과의 교섭에서 가장 어려운 문제였던 중국으로부터의 철군에 대해서 '중국 국내의 치안 확보 상황에 따라 장기적·단계적으로 철군한다'는 자세를 취했다. 3국동맹도 '실질적으로 무효화 할 수 있다'는 데까지 물러났다. 프랑스령 인도차이나에서도 '일본군에 대해 무력행사를 하지 않는다면 철군하겠다'고 태도를 바꾸었다. 그 대신 미국에 대해 '장제스에 대한 지원을 중지해 줄 것'을 요청하였다. 도죠의 태도는 천황의 당부에 따라 고노에 내각 때와 완전히 달라졌다. 전쟁 회피에 전력을 다하는 모습이었다.

이러한 일본의 기본 입장을 가지고 미국과 교섭에 임했으나 미국의 태도는 이전과는 달리 크게 강경해져 있었다. 결국 일본의 제안이 거부되고 11월 27일 미국 국무장관 헐(Cordell Hull)로부터 미국의 입장이 전달되었다. 「헐 노트」로 불리는 미국의 대답은 일본 측의 제안을 모두 거부한다는 것이었다. 그 중에서 '중국으로부터 모든 병력의 철수' 조항의 '중국'에 만주가 포함되는지 여부에 대하여 일본 정부 내에서도 논란이 있었다. 그러나 도죠 내각은 전체적으로 「헐 노트」를 미국의 최후통첩으로 받아들였다. 헐은 1933년부터 국무장관을 맡아 왔다. 일본의 정책과 의도를 속속들이 파악하고 있었다. 6개월 전에도 양국간에 물밑

교섭이 있었으나 일본의 마쓰오카 외무대신이 협상을 결렬시킨 일이 있었다. 결국 도죠 내각은 12월 1일의 어전회의에서 미국과의 개전(開戰)을 결정하였다. 수상 취임 40여일만에 전쟁으로 돌입한 것이다.

고노에 내각 당시 육군은 10월 말까지 미국과의 전쟁 준비를 완료한다는 「제국국책수행요령」을 수립한 바 있었다. 이에 따라 11월 6일 총군인 남방군(南方軍)을 편성하여 총사령관에 테라우치 히사이치(寺內壽一, 11기) 대장을 임명하였다. 예하에 방면군은 두지 않고 4개의 군을 두어 동남아의 각 공격 지역을 담당하도록 하였다.

태평양전쟁 개전시의 육군 편제

대본영			
방위총사령부 대장 山田乙三(14) 야마다 오토조	지나파견군 대장 畑俊六(12) 하타 슌로쿠	남방군 대장 寺內壽一(11) 테라우치 히사이치	관동군 대장 梅津美治郎(15) 우메즈 요시지로
북부군	북지나방면군	제14군	제3군
동부군	제1군	제15군	제4군
중부군	제12군	제16군	제5군
서부군	駐蒙軍	제25군	제6군
타이완군	제11군	제3비행집단	제20군
조선군	제13군	제5비행집단	관동방위군
제1비행집단	제23군		항공병단

군	사령관	육사	작전 지역
제14군	혼마 마사하루(本間雅晴) 중장	19기	필리핀(미국)
제15군	이이다 쇼지로(飯田祥二郎) 중장	20기	버마(영국)
제16군	이마무라 히토시(今村均) 중장	19기	인도네시아(네덜란드)
제25군	야마시타 토모유키(山下奉文) 중장	18기	말레이반도(영국)

해군의 야마모토 이소로쿠(山本五十六, 해병 32기) 대장이 지휘하는 연합함대가 12월 8일 하와이의 진주만을 기습함으로써 미국과의 전쟁이 시작되었다. 주공격부대는 나구모 츄이치(南雲忠一, 해병 36기) 중장의 제1항공함대였다.

개전 초반은 일본군이 기세 좋게 진격하였다. 특히 필리핀에서는 혼마 중장이 이끄는 제14군이 필리핀군과 미군을 손쉽게 물리치며 필리핀 전역을 점령해 나갔다. 필리핀군 군사고문으로 있던 맥아더는 마닐라만의 작은 섬 콜레히도르(Corregidor)로 피신하는 신세가 되었다가 간신히 오스트레일리아로 탈출하였다. 맥아더로서는 굴욕적인 경험이었다. 그러나 이러한 상황은 그렇게 오래 가지 못했다. 1942년 4월 18일 미군기가 일본 본토를 공습했다. 도쿄로부터 700마일 떨어진 해상의 항공모함에서 발진한 폭격기였다. 이들 폭격기가 일본의 도쿄, 요코하마(橫浜), 나고야(名古屋) 등을 폭격하고 중국 쪽으로 빠져나갔다. 공습의 피해는 그렇게 크지 않았으나 심리적 영향은 매우 컸다. 일본은 미국해군의 항공모함 함대를 제압하기 위하여 미드웨이 기지를 공격하기로 결정하였다. 그러나 6월 5일 벌어진 미드웨이 해전에서 일본해군은 주력 항공모함 4척이 격침되는 큰 손실을 입었다. 당시 일본해군이 보유하고 있던 정규 항공모함은 대형 항공모함 4척과 중형 항공모함 2척, 소형 항공모함 1척, 그리고 다른 용도의 함선을 소형 항공모함으로 개조한 2척이었다. 그 중 대형 항공모함 2척과 소형 항공모함을 남겨놓고 4척을 잃은 것이다. 이로써 전세는 역전되기 시작하였다.

미국은 예상보다 빨리 반격을 개시하였다. 8월부터 시작된 반격은 솔로몬제도의 과달카날섬으로부터 시작되었다. 일본해군이 건설 중인 비행장을 점령하기 위하여 미 해병대 2만명이 상륙하였다. 양국군간에 대소모전이 벌어졌다. 일본해군은 육군 지상 전투병력의 지원을 받아가며 버텼다. 이와 함께 11월까지 계속된 솔로몬해전에서 일본해군이 부분적으로 승리했으나 미군의 우월한 전력 앞에 무릎을 꿇었다. 그 결과 미군의 우세한 공군력에 의해 과달카날섬에의 보급이 제대로 이루어지지 않게 되었다.

일본군 지휘부는 미드웨이 패전 이후 순차적으로 해외 파견군 예하에 방면군을 설치하기 시작하였다. 이에 따라 11월 16일에는 육대를 수석졸업하고 '어전 강연'을 모두 외워 했던 제16군 사령관 이마무라(今村均) 중장을 대본영 직할의 제8방면군 사령관에 임명하여 남태평양 지역의 솔로몬제도와 비스마르크제도, 뉴기니아를 담당하도록 하였다. 이마무라는 이듬해 대장으로 진급하였다. 이마무라는 오늘날 파푸아뉴기니에 속한 뉴브리튼섬의 라바울에 사령부를 설치하였다. 그리고 미군과의 전투에 대비해 만반의 준비를 하였으나, 전세를 회복하기에는 역부족이었다. 과달카날섬을 비롯한 전투지역에의 보급은 속수무책이었다.

이야기가 조금 빗나가지만, 이마무라는 1931년 8월 대좌 때 참모본부 작전과장으로 만주사변과 10월 사건 등의 수습에 임했다. 당시 육군성 군사과장 나가타 대좌와 호흡을 맞추어 관동군의 독단적 행동을 막고, 국내적으로는 사쿠라회를 중심으로 일어난 쿠데타 미수 사건에 강경한 자세를 보였다. 그 후 장군으로 진급하여 태평양전쟁 발발과 함께 제16군 사령관을 거쳐 제8방면군 사령관이 된 것이다. 그러나 전쟁 막바지에 미군이 제8방면군 사령부를 공격하지 않고 패스하는 바람에 전투다운 전투도 해보지 못하고 패전을 맞았다. 그 후 전범이 되어 라바울에서 열린 오스트레일리아 군사재판에서 금고 10년의 형을 받았다. 그리고 도쿄의 스가모(巢鴨)형무소로 이송되자, "내 부하들이 열악한 환경의 파푸아뉴기니 마누스섬의 형무소에 수감되어 있는데, 나만이 도쿄의 형무소에서 편안히(?) 수감생활을 할 수 없다. 나도 마누스섬으로 보내주기 바란다"고 연합군 최고사령부에 요청하였다. 이에 맥아더 사령관은 "일본에 와서 처음으로 진정한 무사도를 접한 것 같다. 즉시 희망대로 해주라"고 지시하였다. 그는 마누스섬에서 1953년 8월까지 복역하고, 현지 형무소의 폐쇄에 따라 부하들과 함께 도쿄 스가모형무소로 이송되었다. 그곳에서 형기가 만료되는 1954년 1월까지 복역하였다. 수감생활 중 회고록을 준비하여 출소 후 출판하였다. 회고록 출판에 따른 수입은 전액 전사자와 전범으로 사형당한 군인들의 유족을 위해 기부하였다. 그는 1968년 82세로 생을 마감하였다.

태평양전쟁 이야기로 돌아가자. 12월에 들어 육군참모본부는 과달카날섬에 민간수송선을 동원한 대규모의 수송작전을 육군성에 요구하였다. 육군성과의 교섭은 참모본부 제1부장 다나카 신이치(田中新一, 25기)가 맡고 있었다. 육군성의 카운터파트는 동기생 무토 아키라(武藤章) 군무국장이었다. 그러나 무토는 미국과의 개전 직후 도죠에게 전쟁을 조속히 종결짓자고 주장하다가 1942년 4월 사단장으로 쫓겨났다. 후임에는 제1차 고노에 내각 때 국회에서 야유하는 국회의원에게 "조용히 해!"라고 소리쳐서 물의를 빚었던 사토 켄료(佐藤賢了, 29기)가 왔다. 사토 군무국장은 도죠의 지시에 따라 참모본부의 요구를 거절하였다. 이에 격분한 다나카는 사토와 치고받는 난투극을 벌였다. 그러나 사태는 그것으로 끝나지 않았다. 다나카는 다음날 수상관저로 찾아가 도죠 수상 등 정부 측과 담판을 벌이다 도죠에게 "바카야로!"라고 폭언을 내뱉고 말았다. '바카야로'란 뜻은 '바보같은 자식' 정도로밖에 번역할 수 없지만 일본말에서는 최상급의 폭언이자 욕이다. 더구나 공적인 장소에서 공무 중에 이 말이 나왔다는 것은 상상을 초월하는 일이었다. 전쟁상황도 그랬지만, 전쟁을 수행하고 있는 군상들의 모습도 점입가경이 되어가고 있었다.

결국 미군의 공격과 기아에 시달린 일본군은 1943년 2월 과달카날섬으로부터 철수하기에 이르렀다. 반년에 걸친 소모전을 통하여 양국은 막대한 피해를 입었다. 그러나 국력의 한계에 도달하기 시작한 일본으로서는 돌이킬 수 없는 패배였다. 과달카날 전투에 참가했던 일본군은

과달카날 전투

3만여명이었으나 철수한 병력은 1만여명에 지나지 않았다. 2만여명의
전사·행방불명자 중 직접 전투에서의 사망자는 5천여명, 나머지 15000여
명은 기아나 병으로 사망한 것이다.

1943년 2월 9일 최고전쟁지휘본부인 대본영(大本營)은 "과달카날
섬에서 작전 중인 부대는 작년 8월부터 맹렬히 상륙한 적군을 섬의 한
구석으로 몰아붙이며 격전을 계속하여 그 목적을 달성하였기에, 2월 상
순 섬으로부터 철수하여 다른 지역으로 전환 배치하였다"고 발표하였
다. 완전한 가짜뉴스였다. '아니면 말고' 식의 가짜뉴스가 아니라, 진실
을 완전히 은폐하고 거짓으로 도배한 가짜뉴스였다. 이 시점부터 '대본
영 발표'는 대부분 가짜뉴스가 차지하게 되었다.

이 무렵 미·일 양국은 군비확충에 주력하고 있었다. 특히 해군력 증

야마모토 사령관의 생전 최후의 사진

왼쪽 사진은 야마모토 사령관의 생전 최후의 사진으로 뉴브리튼섬(현 파푸아뉴기니)의 라바울에서 해군항공대원과 경례하고 있다. 오른쪽 사진은 야마모토 사령관이 탑승했던 항공기가 격추된 모습

강에 전력을 경주하였다. 1943년부터 미국은 정규 항공모함 14척과 경항공모함 65척이 새로이 취역하였다. 이에 반하여, 일본은 정규 항공모함 5척과 경항공모함 4척밖에 건조하지 못했다. 항공기도 미국의 18만 2천여대 생산에 비하여, 일본은 4만 5천대밖에 생산하지 못했다. 특히 미국 보잉사가 개발한 대형전략폭격기 B-29가 1942년 9월 첫 시험비행을 마치고 실전배치를 눈앞에 두고 있었다. 또한 일본이 경시하였던 전자병기 레이더와 음향병기 소나(SONAR)의 성능의 격차는 현저하게 벌어져 버렸다. 상대할 수 없는 국력의 차이였다. 이러한 국력의 차이는 예상치 못한 곳에서 발생했다. 1943년 4월 18일 일본의 연합함대 사령장관 야마모토 이소로쿠(山本五十六) 대장이 비행기로 전선을 시찰하던 중 솔로몬제도의 부건빌(Bougainville)섬 상공에서 미군기의 공격을 받고 격추되어 사망하였다. 일본의 무선 내용을 미군이 이미 감청·해독했

던 것이다. 일본은 이 사실을 야마모토의 유골이 도쿄에 도착하는 5월 21일까지 비밀에 부쳤다.

과달카날섬의 패전에 묻혀버린 또 하나의 패전이 이 무렵 있었다. 1942년 6월 미드웨이 공격 작전과 함께 미 북부의 알루샨열도의 애투(Attu)섬을 일본군이 상륙·점령하였다. 그러나 1년쯤 지난 1943년 5월 미군이 애투섬에 상륙을 개시하여 일본군 수비대가 전멸하였다. 대본영은 이 패전을 사실대로 발표하면서 '옥쇄'(玉碎)라고 표현했다. 옥쇄란 '구슬처럼 아름답게 부서짐'을 의미한다. 그러나 대본영 발표의 '옥쇄'는 '전멸'을 의미하는 용어였다

그러나 도죠는 군인은 물론 국민들의 '정신'을 강조하였다. 육군항공학교를 방문하여 훈련생에게 "적군의 비행기를 무엇으로 떨어뜨리나?" 하고 물었다. 훈련생이 "기관총이나 고사포로 격추시킵니다"라고 대답하였다. 그러자 "총이나 포로 떨어뜨린다는 것은 잘못된 생각이다. 어디까지나 '정신'으로 적에 부딪히지 않는다면 적기는 떨어뜨릴 수 없는 것이다. 이러한 기백이 있어야 비로소 기관총으로 격추할 수 있는 것이다"라고 훈시하였다. 어떤 나라에서도 이런 군인은 다시는 나와서는 안 된다. 도죠가 보급시킨 「전진훈」도 논리적 합리성을 벗어나 정신적인 면을 지나치게 중시하고 있다. 「통제파」에 속하는 도죠에게서 「황도파」의 우두머리였던 아라키 전 육군대신의 정신세계가 어른거린다.

패전으로의 길

일본과 미국의 군사력의 차이도 중요한 문제였지만 도죠의 정권운영 방식도 문제였다. 헌병을 이용하여 반대파를 억압하고 언론을 통제하였다. 또한 육군성의 요직을 자신의 말에 무조건 따르는 충성파로 채우고, 이들이 회전문 인사로 요직을 독점하다시피 했다. 기무라 헤이타로(木村兵太郎, 20기) 육군차관, 도미나가 쿄지(富永恭次, 25기) 인사국장·육군차관, 사토 켄료(佐藤賢了, 29기) 군무과장·군무국장, 사나다 죠이치로(真田穣一郎, 31기) 군사과장·군무과장·참모본부 작전과장·제1부장, 아카마쓰 사다오(赤松貞雄, 34기) 육군대신·수상 비서관 등이다. 이들 5명 중 도미나가를 제외한 4명은 '도죠의 4우(愚)', 쉽게 말해 '도죠 곁의 네명의 멍청이'라고 불리었다.

특히 도미나가는 참모본부 제1부장으로 있을 때, 베트남에 출장가서 월권적 명령으로 일본군을 북부 베트남에 진주시킨 일로 경질되어 한직으로 밀려나 있었다. 그런 도미나가를 육군성 인사국장으로 불러들인 사람이 도죠였다. 징계로 좌천된 사람을 영전시켜 자신에게 충성을 다하도록 하는 것이 도죠의 인사 수법이었다. 또한 도죠보다 육사 선배들, 테라우치(11기)는 1941년 11월부터 남방군 총사령관, 하타(12기)는 1941년 3월부터 지나파견군 총사령관, 우메즈(15기)는 1939년 9월부터 관동군 총사령관, 이타가키(16기)는 1941년 7월부터 조선군 사령관, 오카무라(16기)는 1941년 7월부터 북지나방면군 사령관으로 외지에 장기간 묶어두었다. 이는 자신의 권력기반에 장애가 될 수 있는 불안 요인을 없애보려는 속셈에서 나온 인사였다. 이러한 인사를 도미나가 인사국장이 충실히 실행한 것이었다.

한편, 국내외적으로 어려운 상황에서 무능한 지도자가 강조하는 단골 메뉴가 있다. 공직자들의 엄정한 근무 태도와 국민들의 올바른 정신 자세의 확립이다. 도죠는 지방 시찰 도중 아침 일찍 숙소에서 일어나 거리의 쓰레기통을 살펴보았다. 식량 배급이 제대로 되고 있는지 현장에서 직접 확인하는 부지런한(?) 지도자의 모습이었다. 며칠 전 생선이 배급되었으므로 생선뼈가 쓰레기에 나왔는지 확인하려 했다고 한다. 얼마 후 전 지나파견군 총사령관이었던 군사참의관 니시오 토시조(西尾寿造, 14기) 대장이 지방에 출장을 갔다. 어느 기자가 귀찮은 질문을 하자 "나는 그런 것 몰라. 아침 일찍 일어나 길거리 쓰레기통 뒤지는 녀석(도죠)에게나 물어봐"라고 대답하였다. 물론, 니시오 대장은 바로 예편되었다.

지도자가 능력과 도량을 갖춘 인격자라면 국민들의 식생활부터 군인들의 건강문제까지 관심을 가질 때, 민생에 세심한 배려를 아끼지 않는 훌륭한 지도자로 존경을 받는다. 그러나 무능한 지도자가 편협된 생각으로 실무자들에게 맡겨 두어야 할 일까지도 자신의 인기를 위해 섣부른 연기를 한다면 좀스럽다는 비난을 면하기 어렵다. 쉽게 말해 도죠는 지휘관 스타일이 아닌 군 행정가였다. 또한 여론의 동향에 민감하여 이를 조작·통제하려고 하였다. 이런 점에서 1935년 9월부터 1937년 3월까지 관동군 헌병사령관의 경험은 중요한 의미를 갖는다. 당시에 형

학도출정식(1943.10.21)

성된 헌병 인맥이 도조 권력의 한 축을 형성하고 있었기 때문이다. 한국식으로 말한다면 도조는 '정보장교'였다. 결국 1943년 8월경부터 도조의 전쟁지도력에 대해 문제를 제기하는 소리가 각 방면에서 나오기 시작했다.

1943년 9월 8일 이탈리아가 항복했다. 전세는 이미 기울었으나, 일본은 무의미한 저항을 계속하고 있었다. 10월에는 대학생의 징집유예를 정지시켰다. 대학생이 졸업 때까지 입영을 연기할 수 있었던 것을 없애버린 것이다. 따라서 대학생들도 20세가 되면 입대하게 되었다. 당시의 대학생은 오늘날과 달리 사회에서 최고 엘리트로 인정받고 있었다. 아무나 대학에 들어갈 수 없었던, 대학 진학률이 매우 낮은 시대였기 때문이다. 이들은 단기간의 훈련으로 장교가 되어 일선 소대장으로 전선에 나가 많은 희생을 치렀다. 우리나라에도 당시 대학·전문학교에 다니던 1920년대 초반 출생의 엘리트들이 일본군 장교로 전쟁에 동원됐던 분들이 있었다. 이들을 '학병세대'라고 부른다. 대학생의 군대 차출만으로도 부족해 11월에는 국민 병역연령을 40세에서 45세로 연장하였고, 12월에는 징병연령을 19세로 낮추었다.

1944년 2월 미군이 일본해군의 태평양 최대의 전진기지인 캐럴라인제도의 츄크(Chuuk)섬을 공습하여 기지가 완전히 붕괴되었다. 도죠는 이를 계기로 육·해군의 통수를 일원화해야 한다며 군령권과 군정권의 통합을 주장하기 시작했다. 즉 육·해군대신이 육군참모총장과 해군군령부총장을 겸직해야 한다는 것이었다. 군사작전의 차질이 제도상의 문제에 원인이 있다는 것이다. 실현불가능한 정책을 무리하게 밀어붙이는 미련한 지도자들이 원하던 결과가 나오지 않을 때 주장하는 단골 메뉴다. 이에 대해 육군의 스기야먀(杉山元) 참모총장과 야마다 오토조(山田乙三, 14기) 교육총감이 '통수권 독립'을 문제 삼아 반대하였다. 그러나 이미 내대신 등과 궁중에 대한 사전 공작을 마친 도죠가 그대로 밀어붙였다. 결국 스기야마가 사임하고 도죠는 수상 겸 육군대신 겸 육군참모총장이 되었고, 시마다 시게타로(嶋田繁太郎) 해군대신도 해군군령부총장을 겸직하게 되었다. 이와 함께 육군참모차장을 2명으로 늘렸다. 기존의 하타 히코사부로(秦彦三郎, 24기) 중장을 제2참모차장으로 병참을 담당케 하고, 도죠의 동기인 중부군(일본 간사이(関西)지방 방위 담당) 사령관 우시로쿠 준(後宮淳, 17기) 대장을 제1참모차장에 임명하여 작전을 담당케 하였다. 수상이 육군대신과 육군참모총장까지 겸직하는 이례적인 시기에 육군대장이 참모차장을 맡는 또하나의 이례적인 현상이 일어난 것이다.

이 무렵 육군참모본부에 전대미문의 작전계획서가 올라왔다. 1943년 12월 남방군 예하의 버마방면군(1943년 3월 편성)으로부터였다. 사령관은 가와베 마사카즈(河辺正三, 19기) 중장이었고, 버마방면군 예하의 제15군 사령관 무타구치 렌야(牟田口廉也, 22기) 중장이 중심이 되어 계획한 임팔(Imphal)작전이었다. 루거우차오(蘆溝橋) 사건의 여단장-연대장 콤비가 버마에서 방면군 사령관-군 사령관으로 다시 만난 것이다. 무타구치는 자신이 중일전쟁의 도화선을 제공했다고 생각하고 있었다. 따라서 어떻게 해서든지 스스로 전쟁상황을 수습하는데 일조를 해야 한다는 '전혀 도움 않되는 책임감'에 불타 있었다. 그러한 '책임감'이 사상 최악의 작전을 만들어냈다. 임팔은 현재 방글라데시의 동편에 있는 인도 영토인 아삼(Assam) 지역의 도시로 버마 국경 수비의 요충이었다. 이곳의 영국군 기지를 공격하여 버마를 방위하고, 영국의 원장(援蔣: 장제스 지원) 루트를 차단하는 것을 목표로 한 작전이었다.

당시 참모본부도 계속되는 패전으로 난국에 처해있는 상황을 반전시킬 계기를 찾고 있었다. 그러나 이 작전에 일부 참모들로부터 반대 의견이 나왔다. 특히 이 아삼 지역은 세계적으로 강우량이 많은 곳이다. 정글과 늪지대가 많아 병참 면에서 매우 작전하기 어려운 지역이었기 때문이다. 그러나 스기야마 참모총장(도죠가 겸임하기 전)은 "테라우치 남방군 총사령관이 처음으로 요청한 작전계획이니, 테라우치의 체면을 생각해서 승인해주자"고 참모들을 설득했다. 작전계획의 승인에 작전의 타당성·성공 가능성이 아닌 사령관의 체면 문제가 거론되고 있었다. 도죠 수상도 "버마에서의 작전은 버마에 국한되는 것이 아니라 인도와 관련하여 생각해야 한다"고 판단하여 이 작전에 호의적인 입장이었다. 특히 입안자 무타구치의 무모한 책임감은 임팔작전을 통하여 인도를 독립시키고, 인도로부터 영국 세력을 축출해 보겠다는 엄청난 망상을 품고 있었다. 여기에 무타구치의 '놀라운 발상'이 작전에 첨부되었다. 작전지역의 지형상 보급품 운반에 차량 사용이 불가능하므로 이 지역에 서식하는 물소를 보급품 운반에 이용하고, 이와 함께 산양 등도 포획하여 끌고가서 목적지에 이르러서는 모두 식량으로 충당한다는 '기상천외의 아이디어'였다. 이름하여 '징기스칸 작전'이었다.

이 작전은 1944년 1월 7일 스기야마 참모총장과 도죠 육군대신이 합의하여 정식 승인되었다. 그러나 승인 과정에서 버마 방위를 강화하는 것을 목적으로 한정하여, 인도 독립이나 영국 세력의 축출 등은 작전목표에 포함되지 않았다. 육군의 수뇌부는 이미 기울어진 전황에도 불구하고 단지 의미있는 '한 방'을 터뜨려 종전 교섭의 주도권을 잡아보겠다는 막연한 기대에서 승인한 작전이었다. 3월 8일 작전이 개시되었다. 무타구치는 작전기간을 3주간으로 잡고, 이 기간 안에 작전을 끝내기로 계획했다. 투입된 부대는 제15군 예하의 15·31·33사단이었다. 병력은 3개사단 약 5만명과 직할 및 지원부대 36000명 등 총 85000명이다. 준비한 식량은 1개월분이었다. 그러나 바로 계획에 차질이 생기기 시작했

임팔작전 중 강을 건너는 일본군. 바지를 벗고 있는 병사는 설사가 심한 병사들이다.

다. 기상천외의 아이디어인 '징기스칸 작전'이 문제였다. 짐을 지고 산악을 올라가 본 일이 없는 물소에 보급품을 싣고 끌고가는 것은 적군과 싸우는 것보다 힘든 일이었다. 그리고 물소도 산양도 야생동물들은 하루의 이동 거리가 정해져 있어서 부대의 진격을 지체시키는 원인이 되었다. 곳곳의 영국군으로부터의 공격도 만만치 않았다. 작전이 장기화되기 시작했다. 그러나 보급은 제대로 이루어지지 않았다. 4월 중순이 되어도 전황은 나아지지 않았다. 무타구치는 4월 29일의 천장절(天長節: 천황 생일)까지 임팔을 점령하라고 사단장들을 압박했다. 일선 부대에서는 전투가 아니라 기아로 쓰러지는 병사가 나타났다. 더욱이 정글과 습지의 무수한 해충과 오염된 식수는 병사들의 생명을 위협하고 있었다.

드디어 4월 21일 31사단이 무타구치의 명령에 불복하는 사태가 벌어졌다. 31사단 일부 병력을 이동 배치시키라는 명령에 사단장이 항명하였다. 31사단장은 상급 부대인 제15군 사령부의 명령을 일체 거부했다. 그리고 사단의 임무를 최소한으로 줄이면서 보급이 단절된 부대 장병의 생존에 주력하였다. 5월에 접어들어 본국의 대본영에서도 임팔 작전의 심각성을 인식하기 시작하였다. 즉시 작전 중지의 명령을 내려야 할 시점이었다. 그러나 통수의 일원화를 명분으로 군령권과 군정권을 통합하여 쥐고 있던 도죠는 절차의 중요성을 따졌다. 남방군으로부터 제안된 작전이므로 남방군 측으로부터 작전 중지의 요청이 올 때까지 기다린다는 태도였다. 그러는 사이에 전선의 병력은 점점 더 죽어가고 있었다.

제15군의 지휘체계의 붕괴는 모든 사단으로 번져갔다. 5월 16일 33사단장과 참모장이 의견충돌로 작전에 지장이 있다는 이유로 참모장이 아닌 사단장을 교체했다. 그러나 이러한 사단장의 교체는 있을 수 없는 일이었다. 사단장은 육군중장이 임명되는 보직이다. 그러나 다른 중장 자리와 달리 친보직(親補職)이라고 하여 천황이 직접 임명하는 자리였다. 이를 현지의 군 사령관(중장)이 방면군 사령관(중장)과 상의하여 교체한다는 것은 천황의 임면권을 침해하는 것이기도 했다. 그러나 그 상위의 지휘부도 무타구치의 폭주를 멈추게 할 수 없었다. 한편, 이미 군 사령부의 명령을 거부한 31사단은 보급이 끊어진지 오래된 데다 우기에 접어들어 더 버틸 수 없는 상태에 이르렀다. 6월 1일 사단장은 독단으로 전선으로부터 철수 명령을 내렸다. 여기에 더해서 15사단장은 지병인 결핵이 악화되어 6월 10일 교체되었다. 제15군의 모든 사단이 붕괴된 것이다.

임팔작전의 패색이 짙어지자 무타구치는 참모에게 "천황폐하께 용서를 빌기 위해 자결하고 싶다"고 말했다. 이에 참모는 "옛날부터 죽는다 죽는다 말하는 사람치고 죽은 사람 없습니다. 사령관께서 할복하신다고 하면 직책상 말려야 하겠지만, 진실로 책임을 느끼신다면 조용히 할복하십시오. 누구도 말리지 않겠습니다. 이번 작전의 실패는 그렇게 할 만한 가치가 있습니다." 그러나 무타구치는 자결하지 않았다.

상황이 이 지경에 이르자 무타구치는 결국 버마방면군 사령부에 작전 중지를 요청하기에 이르렀다. 드디어 그 '중요한 절차'에 따라 '수상 겸 육군참모총장 겸 육군대신 도죠 히데키 대장'이 천황에게 임팔작전의 중지를 건의하여 재가를 받은 것이 7월 1일이었다. 그동안 전선의 장병들은 열대우림에서 기아와 설사와 말라리아와 콜레라로 죽어갔다. 3개 사단 병력 5만명 중 2만명 이상이 죽거나 행방불명이 되었다. 작전이 중지되었을 때 부상 등으로 후송된 병력을 제외하고 잔존 병력은 15·33사단이 각각 3천명 정도였다. 사단장이 독단으로 철수 명령을 내렸던 31사단은 다행이(?) 잔존병력이 6400명으로 다른 사단의 배나 되었다. 작전 중지 후 무타구치는 31사단장 사토 코토쿠(佐藤幸德, 25기) 중장을 해임하면서 명령불복종죄로 군법회의에 회부하겠다고 날뛰었다. 그러나 사단장을 군법회의에 회부하려면 천황의 재가가 필요했고, 군법회의에 가면 임팔작전의 무모성이 백일하에 드러나고 만다는 생각이 들었다. 마지막까지 무타구치 답게 사토 중장을 정신병자로 만들어 모든 것을 유야무야로 얼버무려 예편시켰다. 물론 무타구치 자신도 예편되었다. 무모한 망상을 가진 지휘관 때문에 많은 장병들이 의미없는 죽음을 하였다. 그리고 임팔작전은 세계의 전사(戰史)에 '무모한 작전'의 대명사로 기록되었다.

이런 상황에서 미군의 공세는 더욱 거세졌다. 남태평양에서부터 밀고 올라오기 시작한 미군은 캐럴라인제도를 공략하고 북진을 계속하였다. 6월 15일에는 마리아나제도의 사이판에 상륙을 시작하였다. 사이판은 제1차 세계대전 이후 일본령이 되어 있던 거점이었다. 이 지역의 수비를 담당하는 부대는 대본영 직할인 제31군 예하의 43사단이었다. 지상전과 함께 벌어진 해전에서도 일본해군은 남아있던 항공모함과 전투기 대부분을 상실했다. 지상의 일본군도 한달을 버티지 못했다. 7월 7일 사이판수비대 3만명이 '옥쇄'하였다. 43사단장 사이토 요시쓰구(斎藤義次, 24기) 중장과 해군의 중부태평양방면함대 사령장관 나구모 츄이치(南雲忠一, 해병 36기) 중장이 자결했다. 사이판의 함락으로 마리아나제도를 미국이 장악하였다. 이에 따라 일본의 주요 도시가 B-29의 공습범위에 들어갔다. 이미 사이판 전투가 시작되면서 규슈(九州)에 B-29 50-60대가 3회에 걸쳐 공습을 시작했다.

일본 본토에 대한 미국의 공습이 본격화되자 도쿄 내각 타도의 움직임이 활발해졌다. 그러나 도죠는 버티기에 들어갔다. 7월 13일 도죠는 내대신 기도에게 개각을 통해 난국을 돌파해 보겠다는 의견을 개진하였다. 이에 대해 기도는 이미 중신들과 협의한 대로 도죠가 받아들이기 어려운 개각의 조건을 제시했다. 첫째로 도죠의 육군대신과 참모총장 겸직을 해지할 것, 시마다 해군대신을 경질할 것, 중신(전직 수상)들을 입각시킬 것 등이었다. 기도는 도죠가 이 조건을 받아들이기 어려우므로 사임하리라 기대하였다. 그러나 의외로 도죠는 모든 조건을 수락하였다. 권력 유지를 위해서라면 무엇이라도 괜찮다는 자세였다. 도죠를 수상으로 임명하는데 중심적 역할을 했던 기도는 도죠를 사임시키는 일로 고역을 치르게 된 것이다.

당시 생존해 있는 전직 수상은 7명이었다. 그러나 입각 대상으로 70대 후반의 고령인 와카쓰키(若槻禮次郎)·오카다(岡田啓介)·히라누마(平沼騏一郎)는 제외였다. 60대의 외교관 히로타(広田弘毅)나 도죠보다 육군 선배인 아베(阿部信行)가 입각할 상황은 아니었다. 또한 두 번 수상을 역임한 전임 수상 고노에(近衛文麿)는 더더욱 아니었다. 그렇게 되면 입각 대상이 되는 전직 수상은 해군 출신의 요나이(米内光政) 한 사람뿐이었다. 그러나 요나이는 도죠의 입각 제의를 거부하였다. 내대신 기도가 도죠에게 천황의 뜻이라며 사임을 권유하였다. 그럼에도 도죠는 직접 천황을 찾아가 정권을 지속해 보겠다는 의사를 표시했다. 결국 천황의 냉담한 반응을 접하고 하는 수 없이 사임을 결심하게 되었다.

7월 18일 자신이 겸직하고 있던 육군참모총장 자리를 우시로쿠 참모차장에게 넘겨주려 하였으나 육군성과 참모본부의 막료들에게 거부되었다. 결국 참모총장은 우메즈 요시지로(梅津美治郎, 15기) 관동군 총사령관에 내주었다. 1942년 10월부터 총군으로 격상된 관동군 총사령관 후임에는 야마다 오토조(山田乙三, 14기) 교육총감이, 교육총감에는 스기야마 하지메(杉山元, 12기) 전 참모총장이 임명되었다. 그리고 드디어 내각 총사직을 결정했다. 도죠는 자신이 사임하게 된 것은 '중신들의 음모'라는 성명을 발표하려 하였으나 모든 각료들이 말려서 불발로 끝났다. 국민을 승산 없는 전쟁터로 내몰아 희생시키고, 국가를 수습할 수 없는 쑥밭으로 만들어 놓은 2년 9개월이었다.

미 전함 미주리 함상에서 항복문서에 서명하는 우메즈 참모총장

이 인사로 우메즈 참모총장과 야마다 관동군 총사령관은 군인으로서의 운명적인 마지막 보직을 맡게 되었다. 패전과 함께 우메즈 참모총장은 패장으로서 일본군을 대표하여 미 전함 미주리 함상에서 항복문서에 서명하는 굴욕적인 임무를 수행하였다. 야마다 관동군 총사령관은 소련의 참전과 일본의 패전으로 소련과 종전 처리를 마무리하고 1956년까지 시베리아에서 억류 생활을 해야 했다.

육·해군 협력내각과 '옥쇄'의 연속

후임 수상 문제를 논의하는 중신회의에서 원수에 올라 있던 남방군 총사령관 테라우치(寺内寿一, 11기)와 지나파견군 총사령관 하타(畑俊六, 12기) 그리고 조선총독으로 있던 고이소(小磯国昭, 12기) 예비역대장이 후보에 올랐다. 그러나 일선지휘관을 불러와 수상에 임명하는 것은 문제가 있다고 보고, 히라누마와 요나이 전 수상이 고이소를 추천하였다. 그런데 고노에가 말을 덧붙였다. 고이소와 요나이가 협력하여 내각을 구성하는 안을 제시하였다. 이를 쇼와천황이 받아들였다. 이례적인 조각 명령이었다.

고이소는 1935년 12월 조선군 사령관으로 부임하여 2·26사건 때 조선에 있었으므로 숙군 바람에 예편당하지 않았다. 그 후 대장으로 진급해서 1938년 7월 예편하였다. 1939년 4월에는 히라누마 내각의 탁무(拓務)대신(식민지의 통치업무를 관리·감독하는 대신)이 되어 5개월 재임하였다. 아베 내각의 발족과 함께 물러났다가, 다시 요나이 내각에서 탁무대신을 역임하였다. 그 후 1942년 5월 미나미(南次郎)의 후임으로 조선총독이 되어 2년 2개월 재임했다. 고이소 후임의 조선총독에는 선배인 아베(阿部信行, 9기) 전 수상이 임명되었다. 아베는 마지막 조선총독이 되었다.

고이소 내각의 육군대신에는 도죠가 유임하고자 했다. 그러나 주위의 반대가 강하자 참모총장에 앉히고자 했던 우시로쿠 참모차장을 육군대신으로 밀었다. 이러한 움직임에 대해 함께 조각 명령을 받은 요나이가 강하게 반대하였다. 이로써 도죠의 의도는 모두 좌절되고, 우시로쿠는 육군항공본부장으로 밀려났다. 그러자 이번에는 고이소 자신이 현역에 복귀하여 육군대신을 겸직하려는 움직임을 보였다. 이 또한 육군 내부와 중신들의 반대로 무산되었다. 새로운 인물로 관동군 예하의 제1방면군 사령관 야마시타 토모유키(山下奉文, 18기) 대장이 물망에 오르자 도죠가 반발하였다. 결국 새로이 참모총장에 임명된 우메즈가 중심이 되어 교육총감에 임명된지 4일 된 스기야마 원수를 육군대신으로 결정하였다. 도죠는 12년전인 1932년 4월 아라키 육군대신 밑에서 육군성 군사과장 자리를 놓고 야마시타 대장과 경쟁하였다가 밀린 경험이 있었다. 물러나는 모습이 아름다워야 하는데, 사상 유례없는 추태를 보인 것이다.

한편 요나이는 고이소 내각의 해군대신에 임명되었다. 당시에는 부수상 제도가 없었지만, 실질적으로 요나이는 부수상 격으로 입각한 것이었다. 이런 의미에서 고이소 내각은 고이소·요나이 협력내각이었다. 그러나 이 문제를 두고 해군 내부에서 이의가 제기되었다. 요나이는 1940년 1월 수상 취임과 함께 예편하였으므로, 해군대신이 되는 것은 군부대신현역무관제에 위배된다. 현역으로 복귀하기 위해서는 천황의 특별한 지시가 있어야만 했다.

게다가 도죠가 육군대신과 육군참모총장을 겸직할 수 있도록 하면서, 해군에서도 해군대신이 해군군령부총장을 겸직하고 있었다. 7월 18

일 도죠가 참모총장 겸직을 해지하면서, 동시에 해군에서도 겸직이 사라졌다. 그때 두 직을 겸하고 있던 시마다(嶋田繁太郎, 해병 32기)가 군령부총장으로 남고, 새로이 노무라 나오쿠니(野村直邦, 해병 35기) 대장이 해군대신에 임명되었던 것이다. 노무라 해군대신으로서는 임명받자마자 후임자가 내정된 것이다. 노무라는 요나이의 현역복귀가 천황의 뜻인가를 확인하겠다며, 21일 시종무관장이나 내대신을 거치지도 않고 직접 천황을 찾아갔다. 결과는 천황으로부터 요나이 기용에 대한 확고한 뜻을 확인하고 물러나왔다. 이제 천황 측근이 전하는 천황의 뜻을 신뢰하지 못하고, 천황을 직접 찾아가 확인하는 막장 드라마와 같은 상황이 벌어진 것이다.

우여곡절 끝에 7월 22일 고이소 내각이 발족했다. 고이소는 현역에서 예편한지 6년이 경과한 시점이었다. 그간 전쟁이 어떻게 되어가고 있는지 자세한 정보를 모르고 있었다. 그는 수상이 되어 전황을 파악하고 놀랐다. "일본이 이렇게 밀리고 있나?" 하는 반응이었다. 그러나 예비역이었으므로 전쟁을 지휘하는 대본영(大本營)회의에 출석할 수 없었다. 대본영회의에는 통수권 독립 원칙에 따라 천황을 비롯하여 육군참모총장과 차장, 해군군령부총장과 차장, 그리고 육·해군의 작전을 담당하는 참모만이 참석할 수 있었다. 천황은 관례적으로 참석은 하지만 발언은 하지 않는다. 고이소는 이러한 상황을 해소하고 육·해군의 지휘체계를 일원화하기 위해 1944년 8월 최고전쟁지도회의를 설치하였다. 이는 중일전쟁 발발 이후인 1937년 11월에 설치되었던 대본영·정부연락

회의를 간소화한 것으로, 실질적으로 수상이 육·해군을 통제할 수 있도록 구성된 기구였다. 참석자는 의장인 수상과 외무대신, 육·해군대신, 육군참모총장, 해군군령부총장, 그리고 관련 실무자가 간사로 참석하였다.

그러나 고이소 수상이 최고전쟁지도회의에서 발언을 하면 육군참모차장 하타 히코사부로(秦彦三郎, 24기) 중장이 "근대적 작전운용을 모르시는 수상께서 간여하실 일이 아닙니다"라고 대꾸하는 등 수상이 전혀 리더십을 발휘할 수 없는 상황이었다. 근본적으로는 군 내부에 있어서 세대 간의 전쟁 수행에 대한 인식 차이가 의사소통마저 가로막고 있는 현실이었다. 고이소가 할 수 있었던 일은 육군의 중심부에 있던 도죠 라인에 대한 경질 인사 정도였다. 8월 30일, 육군차관 도미나가(冨永恭次, 21기) 중장을 필리핀 지역을 담당하는 제4항공군 사령관으로 내보내고, 군사참의관 겸 병기행정본부장으로 있던 전 육군차관 기무라(木村兵太郎, 20기)를 버마방면군 사령관으로 내보냈다. 임팔작전을 밀어붙이던 무타구치의 상관 가와베(河辺正三, 19기) 중장의 후임이었다.

9월에 들어 일본해군 전진기지였다가 무너진 캐럴라인 제도의 한 섬에서 미군과 또 한차례 격전이 벌어졌다. 사이판과 마찬가지로 제1차 세계대전 이후 일본령이었던 팔라우(Palau)제도의 펠렐리우(Peleliu)섬이었다. 이 섬의 비행장을 둘러싸고 미 해병대와 육군의 1개 사단씩 총 5만여 병력이 이 작은 섬에 상륙하였다. 팔라우 제도를 방어하는 일본군은 제31군 예하의 14사단이었고, 펠렐리우섬은 14사단 소속의 2연대가 담당하고 있었다. 2연대는 다른 연대로부터 2개 대대를 지원받아 총 1만명의 병력으로 미군 5만명을 상대로 하여 2개월이 넘게 사투를 벌였다. 일본군은 섬 전체를 요새화하여 동굴 진지에서 게릴라전으로 버텼다. 그러나 2개월 12일만인 11월 27일 전원 옥쇄하였다. 미군도 1만명이 넘는 전사자가 나왔다. 일본군으로 살아남은 병력은 미군에 포로가 된 300여명뿐이었다. 미군으로서도 과연 이 섬의 비행장이 1만명의 희생을 치러가며 확보해야 할 만큼의 전략적 가치가 있었는지는 전후에도 평가가 엇갈리고 있다. 어쨌든 2개월 이상을 버텼던 일본군 2연대장 나카가와 쿠니오(中川州男, 30기) 대좌는 전공을 인정받아 2계급 특진되어 육군중장에 추서되었다. 그는 육군대학을 나오지 않은 이른바 '무텐구미(無天組)' 출신의 연대장이었다. 육군대학 출신의 육사 동기생들은 나카가와보다 약 4년 먼저 대좌가 되었고 1943년 3월에 소장에 진급해 있었다. 나카가와 대좌가 이 전투에서의 보여준 동굴 진지를 이용한 게릴라 전법이 약 3개월 뒤에 벌어진 이오지마(硫黃島) 전투의 모델이 된다.

펠렐리우섬의 전투가 계속되고 있던 10월, 일본정부는 징병연령을 19세로 낮춘지 10개월만에 다시 17세로 낮췄다. 요즈음으로 하면 고등학교 2학년생부터 군대에 가게 되는 것이다. 물론 전황은 점점 악화되어, 10월 20일 미군이 필리핀의 레이테섬에 상륙하였다. 이 지역을 담당하고 있던 제14방면군(제14군을 개편) 예하의 제35군이 전멸하였다. 사령관도 전사하였다. 해전에서도 항공모함 4척과 전함 3척이 격침되어 연합함대의 주력을 거의 상실하였다.

도쿄 공습을 위해 후지산 상공을 비행하는 B-29

11월 24일에는 마리아나 기지의 B-29 111대가 도쿄에 첫 공습을 가하기 시작했다. 해가 바뀌어 1945년 2월, 필리핀에 상륙한 미군이 마닐라 시내에 진입하였다. 개전 초기 제25군 사령관으로 말레이반도에서 맹위를 떨쳐 '말레이의 호랑이'로 이름을 날렸던 야마시타(山下奉文)가 도죠에게 밉보여 관동군 예하의 제1방면군 사령관으로 전임되었다가, 필리핀에 미군이 상륙하기 1개월 전인 1944년 9월 제14방면군 사령관으로 임명되어 있었다. 그는 결국 패장의 신세가 되었다. 야마시타는 미군에 쫓겨 후퇴를 거듭하다가 일본이 항복한 뒤인 9월 2일 투항하였다. 12월 마닐라 군사재판에서 전범으로 사형 판결을 받고 1946년 2월 사형이 집행되었다.

수감되는 야마시타 대장

　미국과의 전쟁으로 비중이 낮아진 조선군 사령관에는 1941년 7월 대장에 진급하며 부임한 이타가키(板垣征四郎, 16기)가 3년 반이 넘게 근무하고 있었다. 이 조선군이 1945년 2월 6일자로 제17방면군으로 개편되었다. 사령관은 당분간 이타가키가 그대로 맡고 있었다가 4월 남방군 예하의 제7방면(싱가포르 주둔) 사령관으로 전임되었다. 후임 제17방면군 사령관에는 고즈키 요시오(上月良夫, 21기) 중장이 부임하였다. 이 고즈키 중장과 마지막 조선총독 아베(阿部信行)가 1945년 9월 9일 조선총독부 건물에서 미군 측과 항복문서 조인식을 갖고, 38도선 이남의 통치권을 이양했다.

조선에서의 항복조인식

항복문서에 서명하고 있는 아베 총독, 왼쪽에 앉아있는 사람이 제17방면군 사령관
고즈키 중장.

2월 19일 미군이 이오지마에 상륙을 개시하였다. 이오지마는 대본
영 직할의 오가사와라병단(小笠原兵団)이 수비를 담당하고 있었다. 109
사단을 중심으로 편성된 부대로 병단장(兵団長)은 109사단장 구리바야
시 타다미치(栗林忠道, 26기) 중장이 겸임하고 있었다. 구리바야시는 펠
렐리우섬의 전투를 모델 삼아 상륙하는 미군을 상대하지 않고 섬 전체
를 요새화하여 게릴라전을 전개하였다. 펠렐리우섬 전투보다 몇 배 큰
규모의 사투가 벌어졌다. 일본육군 13000여명에 해군 7000여명, 약
20000명의 일본군이 11만명의 상륙 미군을 상대로 싸웠다. 미군은 상
륙부대만이 아니라 항공모함 16척, 전함 8척, 순양함 15척과 함재기

1200대 등 지원부대도 14만명이나 되는 규모였다. 3월 17일까지 30일에 가까운 전투에서 미군은 6800여명의 전사자를 내었다. 일본군은 1000여명의 포로를 제외하고 구리바야시 중장을 포함한 전 병력이 전사했다. 태평양전쟁 최고 격전으로 기록되었다. 전사한 구리바야시 중장은 3월 17일자로 대장으로 추서되었다. 추서였지만 육사 기수로는 가장 아래 기수의 대장이었다.

3월 10일 오전 0시를 조금 지난 한밤중에 325대의 B-29 폭격기가 도쿄 시내에 폭격을 개시하였다. 당시 목조가옥이 대부분이었던 시절, 23만채의 가옥이 불타고 12만명의 사상자가 나왔다. 한마디로 도쿄가 불바다가 된 것이다. 3월 14일에는 오사카(大阪)에도 공습이 감행되어 13만채의 가옥이 소실되었다.

고이소 수상은 중국의 국민당 정치가를 중재자로 하여 장제스 정권과 단독 종전 공작을 시도하고 있었다. 그러나 주중공사를 역임한 시게미쓰(重光葵) 외무대신이 중재자를 신뢰할 수 없다고 맹렬히 반대하였다. 여기에 육·해군대신과 육군참모총장, 내대신 모두가 반대 입장을 표명하여, 결국 종전 공작은 좌절되고 말았다.

한편, 일본을 향해 공격의 고삐를 죄어오는 미군은 3월 26일 오키나와(沖繩)의 주변 섬에 상륙을 시작하였다. 본격적인 상륙을 위한 준비였다. 이를 위해 편성된 미 제10군은 육군 제24군단과 해병 3개 사단, 그리고 지원부대로 구성되었다. 이 제24군단의 군단장이 해방 후 남한 지역의 미 군정청장을 지낸 하지(John R. Hodge) 소장이다. 미군은 드디어 4월 1일 오키나와 본섬에 상륙을 개시하였다. 해병대 3개 사단 88500명이 상륙한데 이어 육군 4개 사단 10만명과 지원부대 등 총 28만명이 오키나와에 몰려들었다.

이에 맞서는 일본군은 사이판 함락 후 오키나와를 포함한 타이완 방면의 전력 강화를 위해 1944년 9월 편성된 제10방면군(대본영 직할) 예하의 제32군이었다. 전투부대로는 육군 5만명, 해군 3천명이었고, 후방부대 2만명과 오키나와 현지에서 소집한 3만명의 지원부대를 합하여 총 10만여명이었다. 이 병력으로 미군에 맞서 치열한 전투가 시작되었다.

육군은 이제 '본토 결전'에 대비하여 제1총군(総軍)을 신설하기로 하고 육군 3장관 회의에서 고이소 수상과 협의도 없이 스기야마 육군대신을 제1총군 총사령관에 앉히기로 하였다. 또한 후임 육군대신에는 아나미 코레치카(阿南惟幾, 18기) 육군항공본부장을 임명하기로 합의하였다. 이에 고이소 수상이 반발하여 자신이 현역으로 복귀하여 육군대신을 겸직하겠다고 맞섰다. 그러나 3장관이 이를 받아들이지 않자, 4월 5일 총사직을 결정하였다. 리더십 부재와 함께 지휘체계도 무너졌다.

패전 – '일본의 가장 긴 하루'

　고이소 내각의 총사직에 따라 후임 수상 인선을 협의하는 중신회의
가 열렸다. 수상 경험자 6명, 와카쓰키(若槻禮次郎)·오카다(岡田啓介)·히
로타(広田弘毅)·고노에(近衛文麿)·히라누마(平沼騏一郎)·도죠(東條英機)
에 내대신 기도(木戸幸一)와 추밀원의장 스즈키 칸타로(鈴木貫太郎)가
참석했다. 전 수상 아베(阿部信行)는 조선총독으로 나가 있었고, 요나이
(米内光政)는 현직 대신이었으므로 참석하지 않았다. 이미 일부 중신들
은 천황의 뜻이 스즈키 추밀원의장에게 있다는 것을 감지하고 스즈키의
고사에도 불구하고 스즈키를 추천하는 분위기였다. 그러나 도죠가 하
타(畑俊六) 원수를 추천하며 반발하였다. "육군 이외의 사람을 수상으로
앉히면 육군이 반발할 우려가 있습니다"라며 고압적으로 말했다. 이에
오카다가 "천황폐하가 임명하는 수상에 반발한다니 무슨 소리인가? 육
군이 그런 태도를 가지고 있으니 전쟁이 제대로 될 리가 있겠나?" 하고
일갈하였다.

　스즈키는 예비역 해군대장으로 1929년부터 시종장으로 천황을 모
셨으며, 2·26사건 때에는 반란군으로부터 중상을 입기도 하였으나 천
황의 배려로 간신히 목숨을 건졌다. 그 후 추밀원 부의장·의장으로 천황
을 보필하고 있었다. 천황이 누구보다도 신임할 수 있는 인물이었다. 당
시 나이는 77세, 수상 취임 연령으로는 최고령 기록이다. 천황이 무엇을
원하고 있는지, 자신이 무엇을 해야 하는지 잘 알고 있는 '늙은 신하'에

게 가장 어려운 일이 맡겨진 것이다.

스즈키 수상은 먼저 요나이 해군대신을 유임시켰다. 육군대신에는 육군 3장관과 협의하여 아나미 코레치카(阿南惟幾, 18기) 대장을 임명했다. 스즈키와 아나미와의 관계는 스즈키가 시종장(1929.1-1936.11)이었을 때 아나미가 육군시종무관(1929.8-1933.8)으로 함께 근무하였다. 스즈키는 파멸로 치닫고 있는 전황을 수습하기 위하여 가장 힘든 자리가 될 육군대신에 자신이 가장 믿을 수 있는 사람을 앉힌 것이다. 그리고 외무대신에는 대미 협조파인 도고 시게노리(東鄉茂德)를 다시 불러왔다.

또한 언젠가 있을지 모르는 '본토 결전'에 대비하여 취임 즉시 육군과 협의하여 제1·2총군(總軍)을 창설하였다. 일본의 동부지역을 담당하는 제1총군 총사령관에는 육군대신 스기야먀(杉山元. 12기) 원수를, 서부지역을 담당하는 제2총군 총사령관에는 교육총감 하타(畑俊六, 12기) 원수를 임명하였다.

4월 30일 히틀러가 자살하고 5월 7일 독일이 항복함으로써 유럽 전선은 종식을 향하고 있었으나, 일본만이 '본토 결전' '1억 총옥쇄'를 부르짖으며 저항하고 있었다. 5월 24-25일에는 B-29 1000여대가 또다시 도쿄 공습을 감행하였다. 미군은 의도적으로 황궁 폭격은 삼갔으나, 이 때에는 오폭으로 인하여 황궁에 폭격이 가해졌다. 궁내청 직원 30여명과 육군 근위사단 병사 20여명이 사망하였다. 수상 관저도 육군대신 관저도 소실됐다.

오키나와 전투는 석달 가까이 계속되고 있었다. 제32군 사령관 우시지마 미쓰루(牛島滿, 20기) 중장은 펠렐리우섬과 이오지마(硫黃島) 전투를 모델로 지구전을 펴고 있었다. 그러나 가능성이 전혀 없는 '의미있는 한 방'에 목마른 수뇌부는 총공세를 강요하였다. 어쩔 수 없이 총공세를 감행한 결과, 6월 23일 오키나와 수비대 제32군이 전멸하였다. 사령관 우시지마 중장은 자결하였다. 이 전투에 참여한 일본군 총 10만명 중 8만여명이 전사했다. 그리고 전쟁에 동원된 현지 주민 등 비전투 요원 94만명이 희생되었다. 우시지마 중장은 살아있던 6월 20일자로 대장으로 추서됐다. 일본육군의 마지막 대장진급자이다.

미군도 전체 참가 병력 28만명 중 2만여명이 전사했다. 특히 제10군 사령관 버크너(Simon Buckner) 중장이 6월 18일 전선 시찰 중 일본군의 포격에 전사하는 불운을 겪기도 했다. 미군에서 제2차 세계대전 중 적군의 공격으로 전사한 최고위 계급의 군인이었다. 버크너 중장은 7월 대장으로 추서되었다. 오키나와 전투는 태평양전쟁 중 또 하나의 격전으로 기록되었다.

7월 26일 연합국이 일본에 무조건 항복을 요구하는 포츠담선언이 발표되었다. 다음날의 최고전쟁지도회의에서 아나미 육군대신은 "이 선언에 단호하게 대항한다는 방침을 밝혀야 한다"고 주장하였다. 이에 대해 도고 외무대신은 "협상의 길을 남겨두기 위해서는 포츠담선언을 거부하지 말아야 한다"고 대립하여 결국 결론을 내리지 못하였다. 28일 스즈키 수상은 기자회견에서 "포츠담선언이 카이로선언과 같은 내용으로 중요한 의미를 갖는다고 볼 수 없다”고 묵살하면서, “일본은 전쟁 완수에 매진할 것”을 밝혔다.

8월 6일에는 히로시마(広島)에, 8월 9일에는 나가사키(長崎)에 원폭이 투하되었다. 히로시마에서는 15만명, 나가사키에서는 8만명의 사망자가 나왔다. 8월 9일 오전 11시 나가사키의 원폭 투하 소식이 알려진 뒤 열린 최고전쟁지도회의에서 아나미 육군대신은 포츠담선언의 수락을 더 이상 반대하지 못하였다. 그리고 육군참모총장과 해군군령부총장과 함께 ‘국체(国体: 천황제) 보장’ ‘일본 자신에 의한 무장해제’ ‘일본에 의한 전쟁범죄의 처리’ 등을 주장하였다. 이에 대해 도고 외무대신은 조건을 ‘국체 보장’ 하나로 할 것을 주장하며 격렬히 대립하였다. 밤 10시까지 계속된 회의에서도 결론이 나질 않았다. 결국 스즈키 수상과 내각서기관장의 은밀한 계획에 따라 준비된 어전회의가 열리게 되었다. 각료들은 회의의 결론이 나지 않은 상황에서 어전회의를 개최할 수 없다고 반발하였다. 그러나 내각서기관장이 적당히 얼버무려 넘어갔고, 장소를 옮겨 어전회의가 개최되었다. 장소는 황궁 안의 지하 방공호였다.

밤 11시 50분 개최된 어전회의는 10일 새벽까지 계속되었다. 아나미는 본토결전을 주장하면서 “만일 전쟁에 패하여 1억 국민이 모두 옥쇄를 한다 해도, 세계의 역사에 일본민족의 이름을 남기게 된다면 그것으로 족하지 않은가”라고 강경론을 폈다. 이에 육군참모총장과 해군군령부총장이 찬성하였다. 그러나 도고 외무대신이 전쟁을 더 이상 계속할 수 없다는 의견을 제시하자 요나이 해군대신과 히라누마(平沼騏一郎)

최후의 어전회의

시라카와 이치로(白川一郎, 1908-1994년) 화백의 그림. 당시 참석자의 증언을 토대로 1971년 제작된 그림. 앞줄에 앉은 사람 중 맨 앞쪽으로부터 스즈키 수상, 히라누마 추밀원 의장, 요나이 해군대신, 도고 외무대신, 한 사람 건너 아나미 육군대신, 한 사람 건너 우메즈 요시지로(梅津美治郎) 육군참모총장, 제일 먼 쪽이 토요다 소에무(豊田副武) 해군군령부총장이다. 천황 옆에 앉은 사람은 시종무관장 하스누마 시게루(蓮沼蕃, 15기) 육군대장이다.

추밀원의장이 이에 찬성하였다. 지금까지 어전회의에서 볼 수 없던 상황이었다. 어전회의에서는 이미 합의된 의견을 천황에게 설명하고 형식적인 재가를 받는 자리였다. 어전에서 의견이 분열되는 상황을 보이자, 스즈키 수상은 자신의 의견을 말하지 않고 '외람되게' 천황에게 의견을 여쭈었다. 또 한번 지금까지 없었던 상황이 벌어진 것이다. 그리고 천황이 자신의 의견을 말하기 시작했다.

"나는 외무대신의 의견에 동의한다. 물론 충성스런 군대가 무장을 해제당하고 전쟁범죄인으로 처벌받게 되는 것은 안타까운 일이 아닐 수 없다. 그러나 지금의 시점에서는 이러한 상황을 받아들이지 않을 수 없다. 나는 눈물을 삼키며 외무대신 의견에 찬성한다."

일본에서는 이를 '성단(聖斷: 거룩한 결단)'이라고 부른다. 오전 2시경 어전회의는 국체를 보장받는다는 조건으로 포츠담선언을 수락하기로 결정하였다.

그리고 이를 중립국을 통해 연합국에 전달하였다. 8월 12일 일본의 항복조건에 대한 연합국 측의 회답전문이 도착했다. 내용에는 천황제에 대한 아무런 언급도 없었다. 14일 오전 다시 열린 어전회의에서는 전쟁 계속을 주장하던 3명이 "국체 보장에 대한 확답이 필요하다"고 주장하였으나, 천황이 다시 발언하였다.

"나 자신이 어떻게 되더라도 나는 국민의 생명을 보호하고자 한다. 내가 국민들에게 직접 말해야 한다면 언제라도 마이크 앞에 서겠다. 내각은 신속히 종전에 관한 조서(詔書: 군주가 국민에게 알리는 문서)를 준비해주기 바란다."

모든 결정이 끝났다.

내각이 바쁘게 움직이기 시작했다. 10일부터 극비에 준비된 종전조서(終戰詔書)를 최종 결정하여 내각의 모든 각료가 서명하고 어새(御璽)를 찍어야 했다. 현재 보존되어있는 종전조서를 보면 그날의 다급했던 상황이 그대로 남아있다. 어새가 찍힌 모든 문서는 오자나 탈자 없이 깨끗이 쓰여져 있다. 당연히 수정한 흔적은 있을 수 없다. 그러나 종전조서에는 종이를 덧붙여 수정하고, 행간에 글자를 써서 삽입한 채로 어새가 찍혀있다. 마지막 단계에서 내용의 일부가 수정되었으나, 새로이 문서를 작성하지 못하고 이미 작성되어 있던 문서를 수정하여 그대로 어새를 찍은 것이다.

힘든 일을 마친 수상과 각료가 황궁을 나온 뒤, 아나미가 수상관저를 찾았다. "지금까지 강경한 의견만을 주장하여 총리께 심려를 끼쳐드린 점 사죄드립니다. 총리를 돕겠다는 마음으로 이 자리를 맡았으나 오히려 짐만 되었습니다. 저는 오로지 국체를 보존해야 한다는 일념으로 한 일이니, 그 점만은 이해해 주십시오." 이에 스즈키가 대답하였다. "아나미, 자네 마음은 내가 제일 잘 알지 않는가! 정말 고생 많았소. 고마

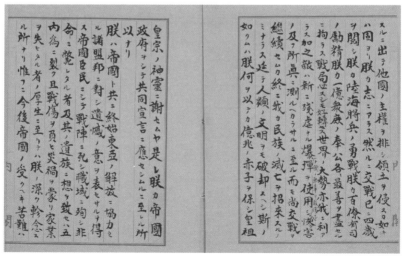

종전조서
문장의 삽입, 수정의 흔적이 그대로 남아있다.

워." 아나미가 가지고 온 신문지에 싼 작은 상자를 수상의 책상 위에 놓으면서 말했다. "남방 최전선에서 보내온 시가(Cigar)입니다. 저는 피우지 않아서 총리께 드리려고 가져왔습니다." 아나미는 정자세로 경례를 하고 방을 나갔다. 스즈키 수상이 혼자말로 중얼거렸다. "아나미가 작별 인사를 하러 왔구만..."

'일본의 가장 긴 하루'가 끝났다.

15일 새벽 아나미 육군대신이 할복으로 자결하였다. 남긴 유서에 '이 죽음으로 대죄를 용서해 주십시오'라고 쓰여 있었다.

라디오 방송을 위한 녹음 작업은 14일 오후 일본방송협회(NHK)에 의해 이루어졌다. 녹음 담당 기사가 황궁에 가서 천황의 종전조서 낭독을 녹음하였다. 천황의 녹음은 14일 밤 11시 30분경부터 시작하여 15일 오전 1시경에 완료되었다. 이 녹음이 15일 정오에 방송된 것이다. 일본에서는 이 방송을 '옥음(玉音) 방송'이라고 한다. 당시로서는 일반 국민이 천황의 음성을 직접 들을 수 없었으므로 처음으로 천황의 육성을 듣게 된 것이다. 종전조서의 내용에는 '항복'이라는 표현 없이 연합국의 '공동선언(포츠담선언)을 수락한다'고만 되어 있어, 일반 국민들은 방송 내용만으로는 무슨 의미인지 이해하지 못한 사람들이 많았다.

대임(大任)을 완수한 스즈키 내각은 15일 오후 전 각료의 사표를 모아 총사직하였다. 17일 역사상 처음으로 황족 히가시쿠니노미야 나루

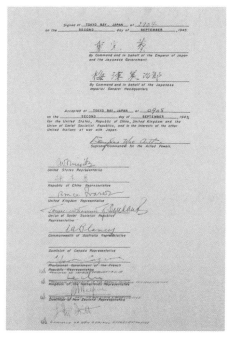

항복문서

맨 위에 시게미쓰 외무대신의 서명, 그 아래가 우메즈 육군참모총장의 서명, 그 아래가 맥아 더 연합군 총사령관의 서명이다.

히코(東久邇宮稔彦) 내각이 발족하였다. 자결한 육군대신 후임으로는 북지나방면군 사령관 시모무라 사다무(下村定, 20기) 대장이 임명되었다. 마지막 육군대신이다. 외무대신에는 시게미쓰(重光葵)가 다시 임명되었다. 9월 2일에는 도쿄만에 정박해있는 미국 전함 미주리호 갑판에서 항복문서 조인식이 거행되었다. 일본 측에서는 정부를 대표하여 시게미쓰 외무대신, 군부를 대표하여 우메즈 육군참모총장이 항복문서에 서명하였다. 미주리호는 부두에 정박해있지 않고 도쿄만의 해상에 있었다. 그래서 보트로 전함에 접근하여 배 측면에 가설되어 있는 계단으로 배에 올라야 했다. 다리가 불편한 시게미쓰로서는 여러 면에서 고통스러운 일이었다. 그러나 이 내각은 점령 당국인 연합군최고사령부(GHQ)와 의견 차이로 54일만인 10월 9일 총사직하였다. 사상 최단명 내각이었다.

후임 수상으로는 GHQ와의 소통을 우선하여 1920년대 국제협조 외교의 중심이었던 시데하라 기쥬로(幣原喜重郎) 전 외무대신이 수상에 임명되었다. 73세였다. 12월 1일부로 육군성과 해군성이 폐지되고, 군대도 해체되었다. 요나이 미쓰마사(米內光政)는 1944년 7월 고이소 내각 발족과 함께 두 번째로 해군대신에 취임한 이후 1년 반 동안 4명의 수상을 거치며 가장 어려운 임무를 마치고 물러났다.

전쟁의 책임과 전범

일본의 항복에 따라 일본 점령을 담당할 미국의 맥아더(Douglas MacArthur) 원수가 연합군 최고사령관으로서 8월 30일 도쿄 근교의 아쓰기(厚木) 해군비행장에 도착했다. 도착 직후 맥아더는 도죠 히데키의 체포와 전범 용의자 명단을 작성할 것을 첩보부대에 명령하였다. 9월 2일의 항복문서 조인과 함께 연합군의 일본에 대한 본격적인 점령통치가 시작되었다. 미·영·프·소 연합국은 독일 항복 후인 1945년 8월 8일 국제군사재판소 헌장을 제정하였다. 그 내용에는 통상의 전쟁범죄 외에 평화에 대한 죄와 인도(人道)에 대한 죄를 추가시켰다. 이에 따라 헌장의 문안을 작성하면서 (a) 평화에 대한 죄, (b) (통상의) 전쟁범죄, (c) 인도에 대한 죄의 순으로 정리하였다. 따라서 (a)의 범죄에 해당하는

도쿄재판의 피고인석

사람을 '(a)급 전범'으로 부르게 된 것이다. 「평화에 대한 죄」란 '침략전쟁에 있어서 전쟁을 계획·준비하고 주도적 입장에서 실행한 행위'를 의미한다. 따라서 정부나 군부의 고위직에 있던 사람들이 여기에 해당한다. 일반적으로 형법에서 말하는 구체적 범죄행위보다는 전쟁 전반에 대한 정치적 책임이 큰 사람들이다.

연합군 최고사령부(GHQ)는 (a)급 전범 대상자에 대하여 9월 11일 제1차로 도쿄 내각의 각료를 중심으로 한 14명(뒤에 3명 추가)에 대하여 체포 명령을 내렸다. 제2차로 11월 19일 도쿄 내각 이외의 주요 대신과 군 수뇌부 인사 11명, 제3차로 12월 2일 전쟁 중 군·관·민의 유력 지도자 59명, 제4차로 12월 6일 9명(뒤에 9명 추가) 총 105명에 대한 체포 명령이 내려졌다.

도쿄는 9월 11일 체포될 것을 알고 자택에서 권총으로 자신의 가슴을 쏘아 자결을 시도하였다. 그러나 급소를 빗나가 미수에 그쳤고, 미군에 의해 병원으로 옮겨져 목숨을 건졌다. 그후 재판에 따라 사형에 처해졌다. 미국과 전쟁을 시작하던 1941년 12월 당시 육군참모총장이었던 스기야마 하지메(杉山元) 원수는 9월 12일 아침 자신의 집무실에서 가슴에 권총 4발을 '제대로' 쏘아 자결하였다. 제2차로 체포 명령이 내려진 만주사변 당시의 관동군 사령관 혼죠 시게루(本庄繁) 예비역 대장은 11월 20일 음독 후 할복 자결하였다. 제4차로 체포 명령이 내려진 전 수상 고노에 후미마로(近衛文麿) 공작은 자진 출두 기간의 마지막 날인 12월 16일 음독자살하였다. 스기야마의 부인은 집에서 남편의 자결 소

호송되는 전범들

앞줄 왼쪽이 아라키 사다오, 통로 건너 오른쪽이 사토 켄료, 아라키의 뒷줄 왼쪽이 도죠 히데키.

식을 듣고, 이를 전해준 군인에게 남편이 확실히 절명하였는가를 확인한 후, 음독 후 단도로 가슴을 찔러 남편의 뒤를 따랐다.

전범 대상자에 대해서는 일본에 진주한 미군 헌병사령부를 통하여 출두명령서가 전달되어 조사가 실시되었다. 이에 따라 기소 여부가 결정되고 기소자는 극동국제군사재판(도쿄재판)에 회부되었다. 다음의 〈표〉는 점령 당국이 문제로 삼은 역사적 사건과 당시 정부의 주요 직책에 있던 인사들의 명단과 재판 결과이다. 물론 체포 명령이 내려진 105명 전체는 아니며, '전범 대상에서 제외'로 표기된 인사는 체포 명령 대상자가 아니다. 그러나 기소된 28명은 전부 포함되어 있다.

기수: 육군사관학교 및 해군병학교 기수, 계급: 최종 계급, *표는 중복 관련자
이름의 굵은 글씨는 도쿄재판에서의 기소자

만주사변

직책	이름	기수	계급	재판 결과	형량
수상	와카쓰키 레이지로 (若槻礼次郎)	문관		전범 대상에서 제외	
육군대신	**미나미 지로 (南 次郞)**	6기	대장	기소	종신형
육군참모총장	가나야 한조 (金谷範三)	5기	대장	1933년 사망	
관동군사령관	혼조 시게루 (本庄 繁)	9기	대장	1945.11.20 자결	
관동군 참모장	미야케 미쓰하루 (三宅光治)	13기	중장	시베리아 억류(옥사)	
관동군 고급참모	**이타가키 세이시로 (板垣征四郞)**	16기	대장	기소	교수형
관동군 펑톈특무기관장	**도이하라 켄지 (土肥原賢二)**	16기	대장	기소	교수형

중일전쟁

직책	이름	기수	계급	재판 결과	형량
수상	고노에 후미마로 (近衛文麿)	문관		1945.12.16 자살	
육군대신	스기야마 하지메 (杉山 元)	12기	원수	1945.9.12 자결	
육군참모총장	간인노미야 코토히토 (閑院宮載仁)	구6기	원수	1945.5 사망	
중지나파견군사령관	**마쓰이 이와네 (松井石根)**	9기	대장	기소(b급)	교수형
외무대신	**히로타 코키 (広田弘毅)**	문관		기소	교수형

3국동맹 체결

직책	이름	기수	계급	재판 결과	형량
수상	고노에 후미마로* (近衛文麿)	문관		1945.12.16 자살	
외무대신	**마쓰오카 요스케** (松岡洋右)	문관		기소(판결 전 사망)	
전 독일 대사	**오시마 히로시** (大島 浩)	18기	중장	기소	종신형
전 이탈리아 대사	**시라토리 토시오** (白鳥敏夫)	문관		기소	종신형

도죠 내각(미국과 개전 이후)

직책	이름	기수	계급	재판 결과	형량
수상 겸 육군대신	**도죠 히데키** (白鳥敏夫)	17기	대장	대장	
육군차관	**기무라 헤이타로** (木村兵太郎)	20기	대장	기소	교수형
육군차관	도미나가 쿄지 (冨永恭次)	25기	중장	시베리아 억류 (1955년 귀국)	
육군성 군무국장	**무토 아키라** (武藤 章)	25기	중장	기소	교수형
육군성 군무국장	**사토 켄료** (佐藤賢了)	29기	중장	기소	종신형
육군참모총장	스기야마 하지메* (杉山 元)	12기	원수	1945.9.12 자결	
육군참모총장	**우메즈 요시지로** (梅津美治郎)	15기	대장	기소	종신형
육군참모차장	다나베 모리타케 (田辺盛武)	22기	중장	기소 (네덜란드 군사재판)	교수형
육군참모차장	하타 히코사부로 (秦 彦三郎)	24기	중장	시베리아 억류 (1956년 귀국)	
육군참모차장	우시로쿠 쥰 (後宮 淳)	17기	대장	시베리아 억류 (1956년 귀국)	
해군대신	**시마다 시게타로** (嶋田繁太郎)	32기	대장	기소	종신형
해군대신	노무라 나오쿠니 (野村直邦)	35기	대장	전범 대상에서 제외	

직책	이름	기수	계급	재판 결과	형량
해군차관	사와모토 요리오 (沢本頼雄)	36기	대장	전범 대상에서 제외	
해군성 군무국장	**오카 타카즈미** **(岡 敬純)**	39기	중장	기소(일·미 개전파)	종신형
해군군령부 총장	**나가노 오사미** **(永野修身)**	28기	원수	기소(판결 전 사망)	
해군군령부 차장	이토 세이치 (伊藤整一)	39기	대장	1945.4 전사	
	쓰카하라 니시조 (塚原二四三)	36기	대장	전범 대상에서 제외	
연합함대사령장관	야마모토 이소로쿠 (山本五十六)	32기	원수	1943.4 전사	
	고가 미네이지 (古賀峯一)	34기	원수	1944.3 순직	
	도요다 소에무 (古賀峯一)	33기	대장	불기소	
외무대신	**도고 시게노리** **(東郷茂徳)**	문관		기소	금고 20년
	다니 마사유키 (谷 正之)	문관		불기소	
	시게미쓰 마모루 **(重光 葵)**	문관		기소	금고7년
내무대신	안도 키사부로 (安藤紀三郎)	11기	중장	불기소	
대장대신	**가야 오키노리** **(賀屋興宣)**	문관		기소	종신형
사법대신	이와무라 미치요 (岩村通世)	문관		불기소	
문부대신	하시다 쿠니히코 (橋田邦彦)	문관		1945.9.14 자살	
농림대신	이노 히로야 (井野碩哉)	문관		불기소	
상공대신	기시 노부스케 (岸 信介)	문관		불기소	
체신대신	테라시마 켄(해군) (寺島 健)	31기	중장	불기소	

직책	이름	기수	계급	재판 결과	형량
후생대신	고이즈미 치카히코 (小泉親彦)	군의	중장	1945.9.13 자결	
국무대신(기획원 총재)	**스즈키 테이치** **(鈴木貞一)**	22기	중장	기소	종신형
내각서기관장	**호시노 나오키** **(星野直樹)**	문관		기소	종신형

고이소 내각

직책	이름	기수	계급	재판 결과	형량
수상	**고이소 쿠니아키** **(小磯国昭)**	12기	대장	기소	종신형
육군대신	스기야마 하지메* (杉山 元)	12기	원수	1945.9.12 자결	
육군차관	도미나가 쿄지* (冨永恭次)	25기	중장	시베리아 억류 (1955년 귀국)	
	시바야마 켄시로 (柴山兼四郎)	24기	중장	1948년 5월 구속	금고7년
육군성 군무국장	**사토 켄료*** **(佐藤賢了)**	29기	중장	기소	종신형
	사나다 죠이치로 (真田穰一郎)	31기	소장	전범 대상에서 제외	
육군참모총장	**우메즈 요시지로*** **(梅津美治郎)**	15기	대장	기소	종신형
육군참모차장	하타 히코사부로* (秦 彦三郎)	24기	중장	시베리아 억류 (1956년 귀국)	
해군대신	요나이 미쓰마사 (米内光政)	29기	대장	전범 대상에서 제외	
해군차관	**오카 타카즈미*** **(岡 敬純)**	39기	중장	기소(일·미 개전파)	종신형
	이노우에 시게요시 (井上成美)	37기	대장	전범 대상에서 제외	
해군성 군무국장	다다 타케오 (多田武雄)	40기	중장	전범 대상에서 제외	
해군군령부 총장	오이카와 코시로 (及川古志郎)	31기	대장	전범 대상에서 제외	

직책	이름	기수	계급	재판 결과	형량
해군군령부 차장	이토 세이치* (伊藤整一)	39기	대장	1945.4 전사	
	오자와 지사부로 (小沢治三郎)	37기	중장	전범 대상에서 제외	
연합함대사령장관	도요다 소에무* (豊田副武)	33기	대장	불기소	

기타 기소자

직책	이름	기수	계급	재판 결과	형량
수상	히라누마 키이치로 (平沼騏一郎)	민간		기소 (법조관료로서 사상 탄압)	종신형
문부대신(近衛내각)	아라키 사다오 (荒木貞夫)	9기	대장	기소 (침략 사상을 교육·고취)	종신형
육군대신(米內내각)	하타 슌로쿠 (畑 俊六)	12기	원수	기소(내각 붕괴의 책임)	종신형
내대신	기도 코이치 (木戸幸一)	문관		기소 (전쟁회피에 적극적이지 못함)	종신형
우익활동가	하시모토 킨고로 (橋本欣五郎)	23기	대좌	기소 (육군 내 쿠데타 선동)	종신형
우익사상가	오카와 슈메이 (大川周明)	민간		정신장애로 소추면제 (우익사상 고취)	

28명의 기소자는 육군 및 육군 출신이 15명으로 압도적으로 많다. 해군은 미국과 개전 당시의 해군대신과 군령부총장, 그리고 개전파로 군무국장과 해군차관직에 있던 3명에 지나지 않았다. 문관 9명은 미국과 개전 당시의 도죠 내각의 각료급이 5명을 차지하고 있었다.

패전 당시 해외 파견 사령관은 남방군 총사령관 테라우치(寺內寿一, 11기) 원수, 관동군 총사령관 야마다(山田乙三, 14기) 대장, 지나파견군 총사령관 오카무라(岡村寧次, 16기) 대장이었다. 테라우치는 말레이시아에 구류 중 1946년 6월 뇌일혈로 사망하였다. 야먀다는 소련군에 의해 시베리아에 억류되었다가 1956년 6월 귀국하였다. 오카무라는 난징 군사재판에서 무죄를 선고받고, 장제스의 최고 고문 대우를 받으며 현지에서 패전 처리를 마치고 1949년 1월 귀국하였다.

미국과 개전 당시 육군참모차장 다나베 모리타케(田辺盛武, 22기) 중장은 제25군 사령관으로 수마트라에서 종전을 맞이하였다. 그 후 네덜란드 군사재판에서 사형 판결을 받고 1949년 7월 교수형이 집행되었다. 그 후임 참모차장이었던 하타 히코사부로(秦彦三郎, 24기) 중장은 관동군 총참모장으로 종전 맞아, 야먀다 관동군 총사령관과 함께 10여년간 시베리아에서 억류 생활을 하였다. 위 표에서 시베리아에 억류되었던 사람은 전부 패전 당시 관동군 소속으로 만주에 있었던 군인들이다.

도죠 내각의 기무라 헤이타로(木村兵太郎, 20기) 육군차관에게는 사형 판결이 내려졌다. 도죠의 측근으로 수상 겸 육군대신인 도죠를 대신하여 육군성을 이끌었던 차관의 책임을 중시한 결과였다. 특히 태국과 버마를 연결하는 철도공사에 영국군 포로를 강제로 동원하여 많은 희생자를 내었다. 철도 건설에 필요한 자재나 장비를 가지고 들어가기 어려운 밀림지대에서 나무로 교각을 세워 철도를 건설하였다. 이 공사에서 '나무기둥 하나에 사람 한 명'이라는 말이 나올 정도로 희생이 컸다. 이때의 이야기가 영화음악으로 유명한 '콰이강의 다리'이다. 기무라는 전쟁 말기 버마방면군 사령관으로서 영국군과 전투를 치렀던 점도 판결에 영향을 미쳤다.

도쿄재판의 기소자 28명 중 7명에게 교수형이 내려졌다. 미국과 개전 당시 육군의 중심에 있던 사람들과 만주사변과 중일전쟁 과정에서 중대한 책임이 있는 사람들이었다. 단 히로타(広田弘毅)만이 군인이 아니었다. 2명은 기소는 되었으나 판결이 나기 전에 사망하였고, 16명은 종신형을, 외무대신 2명은 금고 20년과 7년의 형을 받았다. 1명은 소추 면제되었다. 종신형 및 유기형을 선고받은 18명중 4명이 복역 중 사망하였고, 그 외 14명은 1954~1956년 석방되었다.

후기

본서에 수많은 인물들이 등장한다. 일일이 기억하기조차 어렵다. 일본 사람 이름이라 더욱 어렵다. 하지만 몇몇 사람은 좀 더 설명이 필요하다. 그러나 너무 세세한 부분까지 설명하다 보면 읽는 사람의 지루함을 불러올 우려도 있지만, 마지막으로 중요한 몇 사람에 대하여 본장에서 다 소개하지 못한 이야기를 간단히 보충하기로 한다.

우가키 가즈시게(宇垣一成, 1868-1956)

오카야마현(岡山県) 출신으로 1890년 7월 육군사관학교 1기생으로 졸업하고 1891년 3월 육군소위로 임관하였다. 1897년 12월 육군대학교 14기생으로 입교하여 1900년 12월 졸업생 39명 중 3등으로 졸업하여 천황으로부터 '은사(恩賜)의 군도(軍刀)'를 하사받았다. 1913년 야마모토 곤베(山本権兵衛) 내각이 군부대신현역무관제를 폐지할 때, 육군성 군사과장으로 선두에 서서 반대하였다. 그 때문에 나고야(名古屋)의 연대장으로 좌천되기도 했다. 그 후 소장에 진급하여 육군성·참모본부·교육총본부의 요직으로 두루 거치고 육군대신에 올라 우가키벌을 형성하여 육군 군정을 이끌어 나갔다.

육군대신에서 물러나 예비역이 되었고 바로 1931년 6월 제6대 조선총독이 되었다. 조선총독 시기에는 한국 농촌의 자립적 재건을 목표로 식량공급의 충실화와 농가부채의 상환에 주력했다. 당시 조선인들에게 종교·교화단체를 통한 '근면성 함양'과 '심전(心田) 개발 운동'을 전개하기도 했다. 또한 농촌진흥과 아울러 광공업 병진정책을 추진하였으나 큰 성과를 거두지는 못했다. 조선총독 중 그나마 악평이 적은 총독에 속한다. 1936년 여름 영남과 강원지역에 대홍수가 나서 2500명의 사상자를 내는 재해가 발생하였다. 이를 계기로 민심수습 차원에서 총독 이하 총독부의 요직이 모두 물갈이 되었다. 후임 총독으로는 우가키벌이었던 미나미 지로가 부임했다.

히로타 내각의 붕괴 이후, 원로들은 과거 육군대신으로 내각의 방침에 협조적이었던 우가키에게 내각을 맡겨 당시의 혼란 상황을 수습해보려고 하였으나. 육군 내부의 반대에 부딪혀 유산되고 말았다.

1938년 1월 제1차 고노에 후미마로(近衞文麿) 내각의 두 번째 외무대신이 되었다. 중일전쟁 발발 이후 초기 수습에 실패한 내각에 들어가 뒷수습에 노력하였으나 군부의 비협조로 결국 실패로 끝났다. 그 후에도 3차례 정도 수상 물망에 올랐으나 실현되지는 못했다. 여기에서 '정계(政界)의 혹성(惑星)'이라는 별로 반갑지 않은 별명을 얻게 되었다.

패전 이후, 전전(戰前)의 고위 군부지도자로 공직추방은 되었으나, 도쿄재판의 수석 검찰관 키넌(Joseph Keenan)으로부터 '파시즘에 저항한 평화주의자'로 칭송되기도 하였다. 1952년 공직추방에서 해제되어 1953년 4월의 제3회 참의원선거에 무소속으로 전국구에 입후보하여 51만표를 얻어 1위로 당선하였다. 85세 때였다. 그러나 선거운동 기간 중 쓰러져 당선은 되었지만 의정활동은 하지 못하고 1956년 사망하였다.

미나미 지로(南次郞, 1874-1955)

오이타현(大分県) 출신으로 1895년 1월 육군사관학교를 6기생으로 졸업하고 같은 해 5월 육군소위로 임관하였다. 기병(騎兵) 장교였다. 1900년 12월 육군대학교에 17기생으로 입교하여 1903년 11월 졸업하였다. 육군성 근무는 대좌 때 군무국 기병과장을 역임한 것이 유일하다. 중장으로 진급하여 기병감·사단장·참모차장을 역임하고 조선군 사령관 재임 중에 대장으로 진급하였다. 잠시 군사참의관으로 있다가 1931년 4월 육군대신이 되었다. 육군대신 재임 중 만주사변, 「10월 사건」이 일어났다. 1931년 12월 이누카이 내각 출범과 함께 육군대신을 아라키에게 넘기고 군사참의관으로 물러났다. 3년 후인 1934년 12월 관동군 사령관 겸 만주국대사에 임명되어 1936년 3월까지 재임하였다.

그후 「2·26사건」의 여파로 예비역에 편입되었고, 그해 8월 우가키의 후임으로 제8대 조선총독에 부임하였다. 조선군 사령관과 조선총독을 둘 다 역임한 사람은 후임 총독인 고이소 쿠니아키(小磯国昭)와 2명뿐이다. 조선총독으로 재임하던 기간은 중일전쟁 발발 이후 조선에 대해 「내선일체(内鮮一体)」를 내걸고 「황민화(皇民化) 정책」이 강조되던 시기였다. 주위의 인물평은 '미나미(南) 가는 곳에 봄바람 부네'라고 이야기될 정도로 인정 많고 밝으며 유머 감각 풍부한 사람이었으나, 조선총독으로서는 '봄바람이 전혀 불지 않은' 시기였다. 조선총독에서 물러난 뒤 추밀원 고문관이 되었고, 1945년 3월에 칙선(勅選) 귀족원의원에 임명되었다.

　패전 후, 연합국최고사령부(GHQ)로부터 만주사변에 대한 책임으로 전쟁범죄자로 지목되어 스가모(巢鴨)형무소에 수감되었다. 극동국제군사재판(도쿄재판)에서 종신금고형을 선고받고 수감 중 1954년 가출옥되어 이듬해 81세로 사망하였다.

아라키 사다오（荒木貞夫, 1877-1966）

　도쿄(東京) 출신으로 1897년 11월 육군사관학교를 9기생으로 졸업하고 이듬해 6월 육군소위로 임관했다. 근위사단 보병 제1연대에 배속되어 제1연대 기수(旗手)를 맡았다. 1902년 8월 육군대학교 19기생으로 입교하여 교육 중 러일전쟁 발발로 1904년 2월 18~20기생 전원이 육대를 중퇴하고 참전하였다. 근위후비(後備)혼성여단(예비역으로 편성된 부대)의 부관으로 근무했다. 1906년 3월 육대에 복교하여 1907년 11월 수석으로 졸업하였다. 그 후 참모본부 근무를 거쳐 러시아공사관의 무관 보좌관이 되어 러시아에서 3년간 근무하였다. 1918년 대좌로 진급한 뒤에 시베리아 출병 때에는 참모로 참전하였다. 육군 내의 러시아통이었다. 다음해 연대장을 거쳐 참모본부 제2부의 지나(支那)과장을 지냈다. 1923년 소장으로 진급하여 여단장, 헌병사령관, 참모본부 제1부장을 역임하였다. 1927년 중장으로 진급하여 육군대학교 교장을 거쳐 구마모토(熊本)의 6사단장이 되었다.

1924년 1월 헌병사령관 재직시 추밀원 고문관으로 있던 '공안검사' 출신의 히라누마(平沼騏一郎)와 국수주의자인 기타 잇키(北一輝)·오카와 슈메이(大川周明) 등과 교류를 갖기 시작하였다. 「황도사상」의 토대가 잡혀가던 시기였다.

만주사변이 일어나기 1개월 전인 1931년 8월, 우가키벌의 미나미 대장이 육군대신으로 있을 때, 육군 인사에서 아라키는 6사단장에서 좌천될 위기에 있었다. 그러나 사가벌의 우두머리 무토(武藤信義) 교육총감이 구제해주어 무토 밑의 교육총감부 본부장으로 올 수 있었다. 그 뒤 만주사변의 발발, 그리고 「10월 사건」으로 청년장교들의 불온한 분위기를 진정시키라는 임무를 띄고 육군대신에 임명되어 「황도파」 전성시대를 구가하였다. 육군대신에서 물러나 군사참의관으로 있다가 2·26사건 이후 「황도파」 숙군으로 예편되었다.

육군대신으로 재임 중 호세이(法政)대학의 고문에 취임하였고, 예편 뒤에는 호세이대학 예과의 수신과(修身科: 「도덕」 또는 「국민윤리」 과목) 강사가 되어 '자유와 진보'를 자랑하던 호세이대학에 군국주의 색채가 강한 학풍을 침투시켰다. '고스톱 사건'과 '죽창' 발언 등 황당 사건은 본장에서 설명하였지만, 그 외에도 황당 발언은 계속되었다. 영국의 극작가 버나드 쇼가 일본을 방문하였을 때 "일본인은 지진에 견디며 살아왔기 때문에 강인한 정신력을 갖추고 있다"고 말하여 주위 사람들을 아연실색케 하기도 했다.

1938년 5월 제1차 고노에 내각의 문부대신에 임명되어 히라누마 내각까지 유임하면서 대학에 대한 군부의 탄압을 강화하였다. 패전 후 극동국제군사재판에서 검사 측이 "아라키는 침략사상을 선전·교육하고 고취시켰다"고 지적하였다. 이에 아라키의 변호인은 "아라키가 선전한 것은 '침략'이 아니라 '황도'였으며, 침략사상과는 정반대인 일본 고유의 정신주의였다"고 반론하였다. 아라키 본인도 느물거리는 태도와 장황한 설명으로 기소 사실을 부정하여 재판장으로부터 주의를 받기도 하였다. 최종 판결 날에는 무슨 의미인지 연미복 차림으로 재판정에 나왔다. 최종 판결에서 재판관 11명 중 5명이 사형에 찬성하여 간신히 목숨을 건졌다. 종신형을 선고받고 복역 중, 1955년 병을 이유로 가석방되었다. 그 후 건강을 회복하여 전국을 돌며 활발히 강연을 하면서, 근·현대사 연구를 위한 자료수집 활동을 하였다.

1966년 역사 자료수집과 강연을 위해 방문한 지방의 여관에서 심장발작으로 사망하였다. 89세였다. 숨을 거두기 전 당시의 수상 사토 에이사쿠(佐藤栄作)에게 전해달라며 유언을 남겼다. "일본의 미래상은 잡다한 일에 구애받지 말고 메이지유신의 5개조 선언(메이지천황이 '널리 의견을 들어 나라를 통치한다'는 메이지정부의 기본방침)을 기본으로 하여 달성할 것." 본인이야 여러 가지 생각이 있었겠지만, '독특한 정신세계'를 가진 사람의 뜬금없는 말이다.

아라키는 이러한 면에서 '정신가'(精神家)라는 별명을 가지고 있었다. 특정의 사상을 주창하거나 강조하는 사람을 '사상가'라고 부른다.

그러나 일본말에도 한국말에도 특정한 정신을 주창하고 강조하는 사람을 '정신가'라고 부르지는 않는다. 일본말에서는 병원 '정신과'(精神科)와 '정신가'(精神家)의 발음이 같다. 따라서 아라키를 '정신과(精神科)에 가봐야 될 사람'이라고 야유하는 의미에서 그런 별명이 붙었다.

히로타 코키(広田弘毅, 1878-1948)

후쿠오카현(福岡県) 출신으로 석재상(石材商)의 아들로 태어났다. 도쿄제국대학 법학부를 졸업하고 1905년 외교관시험에 응시하였으나 실패하였다. 일단 한국통감부에 근무하며 외교관시험을 준비하여, 이듬해인 1906년 제15회 외교관시험에 수석으로 합격하였다. 합격자는 11명이었다. 합격자 중에는 패전 후 수상이 되어 전후 일본의 기틀을 마련한 동갑의 요시다 시게루(吉田茂)가 있었다. 히로타는 1923년 외무성 구미(欧米: 歐美)국장이 되어 시데하라 외무대신의 국제협조 외교의 중추적 역할을 했다. 그후 네덜란드 공사와 소련 대사를 거쳐, 1933년 9월 사이토 내각의 외무대신이 되었다. 특히 대소련 강경론을 주장하는 아라키 육군대신을 잘 요리하였다. 동기생 요시다는 1932년 11월 이탈리아 대사를 마치고 본부 대기로 있다가 1935년 11월 일단 퇴직하였다.

히로타는 오카다 내각에서 계속 외무대신으로 있다가 2·26사건 이후 수상에 오르게 된다. 그는 처음에는 수상직을 거부하였으나 요시다 등의 권유를 받아들여 수락하였다. 이런 관계로 요시다를 외무대신에 임명하고자 하였으나 군부의 반대로 자신이 외무대신을 겸직하면서 내각을 발족시켰고, 요시다는 영국대사로 나가게 되었다.

히로타 수상은 군부의 압력에 의해 군부대신 현역무관제를 부활시키고, 국방국가 건설을 목표로 경제에 대한 국가 통제를 강화시켰다. 결국 군부의 무리한 압력에 견디지 못하고 정권을 내던졌으나, 4개월 후 고노에 내각 출범과 함께 다시 외무대신을 맡게 되었다. 그러나 루거우차오(蘆溝橋)사건을 계기로 중일전쟁이 발발하여 중국 사태 해결의 가능성은 멀어지고, 외무대신으로서의 운신의 폭은 좁아지고 있었다. 결국 난징대학살이라는 참극이 일어났다. 그 후 개각으로 우가키에게 외무대신을 물려주고 귀족원 의원으로 활동하였다. 전황이 악화되어 감에 따라 소련과의 협상을 시도해보았으나 별다른 성과 없이 패전을 맞이하였다.

1945년 12월 연합군 최고사령부로부터 A급 전범용의자로 체포되어 스가모형무소에 수감되었다. 극동국제군사재판(도쿄재판)을 위한 검찰의 심문에서, 수상 재임 시 "군부대신 현역무관제를 부활시킨 것이 파국의 결과를 가져왔다고는 생각하지 않는다"고 답변하였다. 그러나 중일전쟁의 발발과 함께 외무대신으로서 추가 파병 예산을 인정한 점에 대해서는 육군의 활동을 승인한 것이라고 인정하였다. 이러한 답변에 대해 검찰은 "히로타는 군국주의자는 아니나 정부를 지배하고자 하는 육군의 압력에 굴하여 침략을 용인하고, 그 결과에 순응함으로서 침략에 협력한 전형이다"고 판단하여 기소 대상으로 결정하였다.

특히 재판 과정에서 난징 대학살에 관하여 잔학 행위가 8주간이나 계속되었음에도 외무대신이 각의에서 이 문제를 제기하지 않은 것은, 결국 이를 묵인한 것으로밖에 볼 수 없다고 지적되었다. 이에 대해 히로타는 침묵으로 일관하였다. 변호인이 "이대로 아무 말도 하

1948년 극동국제군사재판에서 재판장으로부터 사형판결을 선고받는 히로타.

지 않으면 위험합니다. 자신의 무죄를 주장하고, 사실을 말하면 중죄는 면할 수 있습니다"라고 설득해도 그는 재판과정에서 계속 침묵으로 일관했다. 만약 군부나 고노에 수상에게 책임을 전가했더라면 사형은 면할 수 있었다고 보는 견해가 많다. 그러나 히로타는 천황이나 주위 사람들에게 누를 끼치게 되는 것을 가장 염려했다고 한다.

최종 변론이 있기 전에 히로타는 변호인을 통하여 "고위의 관직에 있던 기간 중에 일어났던 사건에 대하여 이의 없이 모든 책임을 지겠습니다"고 진술하였다. 그는 '침략전쟁에 대한 공동 모의' '만주사변 이후의 침략전쟁' '전쟁법규 준수 의무의 무시'의 죄목으로 유죄판결을 받았다. 1948년 11월 12일 최종판결에서 "피고의 부작위(不作爲)는 범죄적

과실을 만든 원인이 되었다고 본다"고 사형이 선고되었다. 11명의 재판관 중 3명이 무죄, 2명이 금고형이고 6명이 사형 의견이었다. 고노에가 1945년 12월 연합군 최고사령부로부터 체포 명령이 내린 후 음독자살하였기 때문에 문관으로서는 히로타가 최고위직이었다. 그리고 사형판결을 받은 7명 중 유일한 문관이었다. 사형 집행은 1948년 12월 23일 이루어졌다. 만 70세였다.

후일 히로타 밑에서 근무한 외무성 관료들은 그에 대해 "온화하고 합리적인 성품이었으나, 결정을 내려야 할 순간에 답답하리만큼 우유부단했고, 아무 생각 없는 것처럼 상황에 휩쓸려 간 점이 아쉬웠다"고 증언하고 있다.

히로타가 최후를 맞이하기 2달 전인 1948년 10월 15일 동갑이자 외교관 동기생 요시다는 두 번째로 수상에 올라 새로운 일본을 건설하려는 시동을 걸고 있었다. 요시다는 이후 1954년 12월까지 수상직에 있으면서 전후 일본의 기초를 놓았다.

유아사 쿠라헤이(湯浅倉平, 1874-1940)

야마구치현(山口県) 출신으로 1898년 도쿄제국대학 법학부를 졸업하고, 같은 해 고등문관시험(高等文官試驗: 한국의 고등고시에 해당)에 합격하여 내무성 관료가 되었다. 1912년 내무성 지방국장, 현지사(県知

事)를 거쳐 1915년 내무성 경보국장(警保局長: 경찰행정의 최고책임자)을 역임했다. 그 후 귀족원 의원이 되었고, 1923년 관동대지진 이후 고토 신페이(後藤新平) 내무대신의 요청에 따라 경시총감(警視総監: 도쿄의 치안책임자)이 되었다. 이례적인 인사였다. 이미 경보국장을 지냈음에도 불구하고 그 보다 격이 낮은 경시총감을 맡은 것이다. 그러나 그해 12월에 발생한 토라노몬(虎ノ門) 사건으로 경시총감을 사임하였다. 그 후 1924년 6월 내무차관을 역임한 전형적인 내무관료였다.

1925년 11월에는 조선총독부의 2인자인 정무총감으로서 2년간 사이토 총독을 보좌하였다. 1932년 사이토 내각이 발족하면서 내무대신 물망에 올랐으나 실현되지는 못하였다. 그러나 다음 해 궁내대신(宮内大臣: 황실의 일상생활 등을 보필하는 책임자)에 임명되었고, 2·26사건으로 사이토 내대신이 사망하자 그 후임이 되었다. 각료 경험이 없이 내대신에 임명된 것은 황족이나 귀족이 임명된 경우를 제외하면 유아사가 유일하였다.

유아사는 내대신으로서 군부나 정당과는 일정한 거리를 유지하는 온건파로서 고령인 원로 사이온지와 협력하며 천황을 보필하였다. 제1차 고노에 내각, 히라누마 내각, 아베 내각, 요나이 내각의 탄생에 결정적인 역할을 하였다. 그러나 지병으로 내대신을 사임하였고, 사임 반년 후, 사이온지 사망 1개월 후에 사망하였다.

그 후 요나이 내각의 붕괴, 제2차 고노에 내각이 발족하였고, 일본은 독일·이탈리아와 3국동맹을 결성하면서 반(反)영미(英美) 노선으로 방향 전환을 하게 된다.

요나이 미쓰마사(米內光政, 1880-1948)

이와테현(岩手県) 출신으로 1901년 해군병학교를 졸업(29기)하고, 1914년 해군대학교를 졸업(12기)하였다. 그는 해군병학교 교육 중, 자신이 의문을 가진 문제에 대해서는 스스로 납득될 때까지 모든 각도에서 끈기있게 파고드는 타입이었다. 당시 해군에서는 주입식 교육이 일반적이었으므로 요나이는 특이한 교육생이었다. 이를 알게된 교관이 "요나이는 잘 되면 엄청난 인물이 될 것이다"라고 말했다고 한다. 따라서 교관들이 다소 성적이 부진해도 눈감아 주어 무난히 병학교를 졸업할 수 있었다. 그러나 귀찮은 것을 매우 싫어하는 성격이기도 했다.

소장까지 무난히 진급하였으나, 1930년 중장에 진급하여 당시 식민지였던 한국의 진해요항부(要港部: 해군 함대의 후방을 관할하는 해군 부대. 진수부(鎮守府)보다는 규모가 작음) 사령관에 임명되었다. 그런데 이 자리는 거의 예편자가 맡는 자리였고, 해군성에서도 요나이를 예편 대상자에 포함시켰다. 그러나 당시 해군정무차관이 요나이를 예편시키는 것이 아깝다고 생각하여, 해군 원로인 도고 헤이하치로(東郷平八郎) 원수에게 건의하여 가까스로 현역으로 남을 수 있었다.

1932년 제3함대 사령장관에 임명되었으나, 심한 독감에 걸린 것이 흉막염으로 악화되었다. 요나이는 요양을 거부하고 그대로 근무하겠다고 고집했으나 동기생 후지타 히사노리(藤田尚徳) 해군차관과 다카하시 산키치(高橋三吉) 군령부 차장이 요나이 본인의 의사를 무시하고 강제로 입원을 시켰다. 1개월 요양 후 건강이 회복되어 직무에 복귀할 수 있었다. 그 뒤 진수부 사령장관과 제2함대 사령장관을 거쳐 1936년 12월 다카하시 산키치 중장의 후임으로 연합함대 사령장관에 임명되었다. 그러나 2개월만인 1937년 2월 하야시(林銑十郎) 내각의 해군대신에 임명되었고, 계속하여 제1차 고노에 내각, 히라누마 내각에서 유임되어 2년 6개월간 재임하였다. 그러나 체질적으로 군정(軍政) 업무를 싫어했던 요나이는 연합함대 사령장관을 2개월밖에 못한 것을 끝내 아쉬워했다.

고노에 내각에서 해군대신으로 재임시에는 중국에 대한 강경책을 주장하여 중일전쟁 확대의 원인을 제공하기도 하였다. 영·미 협조파였던 이미지와는 대조적인 모습을 보이기도 하였지만, 히라누마 내각에서는 3국동맹에 반대하였다. 이에 따라 물러나게 된 히라누마 내각의 각료들이 천황을 예방했을 때, 쇼와천황은 요나이에게 "해군이 (3국동맹 저지를) 잘 해주어서 일본을 구했다"고 격려하였다.

요나이가 히라누마 내각에서 해군대신으로 있던 1939년 4월, 요나이보다 1년 먼저 대장에 진급했던 동기생 다카하시와 후지타 두 군사참의관이 요나이를 계속 현역으로 남기기 위해 자진하여 예편하였다. 기수를 중요시하는 계급사회에서는 '동기가 웬수(怨讐)'라는 말을 하지만 그렇지 않은 경우도 있었던 것이다. 특히 동기생들의 예편은 대미 협조파로 요나이를 보좌하고 있던 3기 후배인 해군차관 야마모토 이소로쿠(山本五十六, 32기) 중장의 활동범위를 넓혀주기 위한 배려이기도 했다.

1939년 8월 아베 내각의 발족과 동시에 군사참의관이 되었다가 4

개월만에 수상이되었고, 수상 재임 6개월만에 사임하였다. 수상에서 물러난 뒤, 지병 때문에 병원 출입이 빈번하게 되었으나 도쿄의 전차를 타고 병원을 다녔다. 전직 수상이 자가용 차가 아닌 대중 교통수단을 이용하는 경우가 거의 없었으므로 당시 이것이 화제가 되기도 했다. 해군 당국이 공용차를 보내주겠다고 했으나 "예비역이 공용차를 탈 수 없다"고 거절하였다. 그러나 당시 육군의 고위 장군들은 자녀들의 통학에도 공용차를 이용해 국민들의 비난을 받고 있었다.

그 후 고이소 내각의 출범과 함께 현역에 복귀하여 또다시 해군대신이 되었다. 그 후 패전과 해군성 폐지까지의 마지막 수습을 마치고 물러났다. 물러나는 날 황궁으로 천황에게 인사를 하러 들어갔다. 천황은 요나이에게 그간의 노고를 위로하면서 "이제 만나기도 어려울텐데…"라고 말을 건네며 벼루함을 황실 문양이 새겨진 보자기에 싸서 선물로 주었다. 집에 와서 열어보니 들어 있던 붓에 먹이 아직 마르지 않은 채였다고 한다. '선물용'이 아닌 천황이 직접 사용하던 물건이었다.

아들이 '조직에서 윗자리에 올랐을 때 부하들을 어떻게 다루어야 하는지'를 묻자, "부하들을 조직이라는 그릇 안에서 자유롭게 활동하도록 놔두면 된다. 그릇으로부터 튀어나오는 자가 있으면 그것만 제재하고, 그 외에는 말할 것도 손댈 필요도 없다. 단 부하들이 활동하고 있는 그릇이란 본인 스스로 만드는 것이다. 자신이 그릇에 얼마나 마음을 쏟았느냐에 따라 크게도 되고 작게도 되는 것이다"라고 대답했다고 한다.

마쓰오카 요스케(松岡洋右, 1880-1946)

야마구치현(山口県) 출신으로 어려서 아버지의 사업 실패로 어려운 생활을 하였다. 13세 때 미국에서 성공한 친척에 의지하여 미국으로 건너갔다. 힘들게 생활하며 오레건(Oregon)대학에서 법학을 전공하였다. 대학을 졸업하고 일본에 돌아와 1904년 24세에 제13회 외교관시험에 수석으로 합격하였다. 히로타(広田弘毅)나 요시다(吉田茂)보다 1살 적었으나 외교관시험은 두 사람보다 2년 빨랐다. 그러나 1921년 외무성을 퇴직하고 남만주철도(만철)회사 이사로 전직하였다. 부총재까지 오른 뒤에 1930년 고향인 야마구치현에서 정우회(政友会) 소속으로 국회의원에 출마하여 당선되었다. 국회의원이 되어 당시의 영·미 협조외교 노선과 중국에 대한 내정불간섭 주의를 표방한 민정당(民政党)의 시데하라(幣原喜重郎) 외교를 통렬히 비난하였다.

만주사변 이후, 국제연맹의 리튼조사단의 현지 조사가 실시되었다. 이에 따라 국제연맹의 만주문제 조정안이 제시되었고, 일본의 우치다 코사이(内田康哉) 외무대신은 강경자세를 굽히지 않고 이를 거부하였다. 1932년 10월 마쓰오카는 국제연맹 총회에 전권대표로 참석하였다. 그리고 12월 8일 총회에서 1시간 20분에 걸쳐 일본의 입장을 원고 없이 영어로 연설하였다. 원래 연설에 제목이 있을리 없지만, 후일 '십자가 위의 일본' 연설이라고 불리게 되었다. 연설에서 마쓰오카는 "일본은 지금 십자가 위에 매달려 있다. 나자렛 예수를 죽게 하고, 그 후 세계

인류가 예수를 받아들인 것처럼, 수년만 지나면 일본을 이해하게 될 것이다"라고 말했다. 그는 미국 유학 시절 감리교회에서 세례를 받은 독실한 기독교 신자였다. 인간의 죄로 예수가 십자가에 못 박히는 수난을 당하셨는데…, 자신들이 저지른 만주문제에까지 끌어들여 예수는 또 한번의 수난을 당하셨다. 다음 해 2월 국제연맹 총회에서 일본에 대해 만주로부터의 철수 권고안이 채택되자 마쓰오카는 이에 항의하여 퇴장하였다. 그리고 3월 일본은 국제연맹에서 탈퇴했다.

이후 국회의원직을 사퇴하고 만철 총재를 거쳐 제2차 고노에 내각의 외무대신에 임명되었다. 그러나 외무대신으로서 독단적 주장으로 내각 안에서의 조화를 이루지 못하고, 결국 내각 총사직이라는 편법으로 쫓겨나게 되었다. 외무대신에서 물러난 뒤 미국과의 전쟁이 시작되자 3국동맹을 주도한 것을 크게 후회하였다.

독특한 구석이 많았던 마쓰오카는 이야기하는 것을 아주 좋아했다. 만철 총재로 있을 때 관동군 참모부장(參謀副長)으로 있던 이마무라 히토시(今村均) 소장, 육대를 수석 졸업하고 졸업식의 어전(御前) 강연을 모두 외워서 했던, 그 이마무라가 마쓰오카 총재를 만나게 되었다. 마쓰오카의 너무도 긴 이야기에 잠시(?) 졸다가 "이마무라 군은 이 문제를 어떻게 생각하나" 하고 묻는 말에 잠이 깨어 시계를 보니, 이야기가 시작된지 2시간이 지난 뒤였다고 회고록에서 술회하고 있다. 외무대신 재임 중에도 결재서류를 가지고 온 직원을 앞혀놓고 이야기를 시작하여 직원이 결재서류를 내놓을 기회도 없이 이야기만 듣다가 나오는 경우도 있었다는 증언도 있다. 시베리아 철도로 유럽을 방문하였을 때, 열차 안에서 아침부터 저녁까지 수행원을 앉혀놓고 지치지도 않고 이야기를 계속했다. 다른 수행원이 들어오면 같은 이야기를 반복하여 계속했다고 한다.

패전 후, 연합군 최고사령부에 의해 전범으로 체포되어 스가모형무소에 구금되었다. 마쓰오카로서는 3국동맹 체결의 주도, 소련과의 전쟁 주장 등이 주요 혐의가 될 것으로 보였으나, 결핵의 악화로 제대로 재판이 열리지도 못하고 1946년 6월 66세로 사망하였다.

아나미 코레치카(阿南惟幾, 1887-1945)

오이타현(大分県)에서 내무관리의 아들로 태어났다. 어렸을 때에는 전근이 잦은 아버지를 따라 여러 곳에서 생활하였다. 아버지는 코레치카가 어렸을 때부터 검도·궁도·승마 등을 가르쳤다. 코레치카가 중학교에 들어갈 무렵 시코쿠(四国)의 도쿠시마현(徳島県)에서 살았다. 그런데 같은 시코쿠의 가가와현(香川県)에 있는 11사단장 노기 마레스케(乃木希典)와 아버지는 아는 사이였다. 노기는 검도 등 무술에 재능을 가진 아나미 코레치카에게 사관학교 진학을 권유하였다. 그 후 러일전쟁에서 국민적 영웅이 된 노기를 아나미는 군인 생활의 거울로 삼게 되었다. 러일전쟁이 진행되던 중 육군사관학교에 입교하여 1905년 11월 18기로 졸업하였다. 1910년대 초반 육군대학교 입교를 준비할 무렵 상관의 배려로 공부할 시간이 비교적 자유로운 유년학교 생활지도 담당 장교로 근무하게 되었다. 그러나 적당히 하는 것을 싫어했던 아나미는 열성적으로 유년학교생을 지도했다. 오히려 공부할 시간이 부족했다. 결국 3번이나 고배를 마신 끝에 4번째에 겨우 합격할 수 있었다.

육군대학교 시절, 한때 상관이었던 다케시타 헤이사쿠(竹下平作, 구 7기) 중장의 딸과 결혼하였다. 당시 아나미 29세, 부인은 17세였다. 다케시타의 장남과 차남도 육군사관학교를 지망하고 있어, 장남이 유년학교 수험을 준비할 때 아나미가 가정교사처럼 지도해 주기도 했다.

1925년 중좌로 진급한 후 참모본부와 연대 근무를 거친 뒤, 1929년 8월 시종무관이 되었다. 시종장은 1929년 1월부터 스즈키 칸타로(鈴木貫太郎, 해병 14기) 예비역 해군대장이었다. 아나미는 19살 위인 스즈키 시종장의 신중하고도 깊이있는 풍모에 대하여 마음으로부터 존경심을 가지게 되었다. 한편 승마에 남다른 재능을 가진 아나미는 쇼와 천황의 승마를 지도하는 관계가 되었다. 천황은 자신의 말을 뒤따르는 아나미에게 승마가 끝난 뒤 "먼지를 많이 뒤집어 쓰지 않았나?" 하며 배려의 말을 건네곤 하였다. 한번은 천황이 자신이 입던 흰 와이셔츠 한 벌을 아나미에게 선물하였다. 신하로서 군주의 피부가 닿았던 옷을 하사받는다는 것은 매우 큰 영광이었다. 천황은 자신보다 14살 위인 아나미를 '아난'이라는 애칭으로 부르며 친밀하게 대했다.

1935년 소장에 진급한 아나미는 다음해 2·26사건 이후 육군성 병무국장에 임명되었다. 군무국이 담당했던 군기·방첩·마정(馬政: 군마 관리) 등 업무를 이관하여 설치된 병무국 업무가 군내 파벌에 속하지 않은 아나미에게 맡겨진 것이다. 아나미는 병무국장 재직 시 첩보활동의 중요성을 인식하여 과학적·체계적으로 첩보요원을 양성하기 위한 기관을 설립하였다. 그것이 뒤에 「육군나카노(中野)학교」로 발전되었다. 과거 우리나라에도 이 학교 출신이라는 소문이 있던 사람들이 몇 명 있었다.

병무국장 재임 7개월만인 1937년 3월 육군성 인사국장을 맡게 된다. 그러나 1년 3개월 뒤 취임한 이타가키(板垣征四郎, 16기) 육군대신과는 호흡이 잘 맞지 않았다. 일부 사단장 인사를 앞두고 인사안을 육군대신에게 올렸으나 결재가 나지 않았다. 인사국장 자신이 사단장으로 나가는 인사안을 올리니 바로 결재가 났다. 이타가키는 불편한 인사국장이 물러나주기를 바라고 있었던 것이다. 아나미는 자신을 중국 전선의 109사단장으로 발령냈다. 세자릿수 사단은 중일전쟁 발발 이후, 기존의 사단으로부터 급히 편성된 사단으로 '특설사단'으로 불렸다. 상설사단장에는 후배들을 임명했다. 아나미다운 인사였다.

사단장이 되어 중국으로 가는 아나미를 천황이 불러 황궁에서 단둘이 점심을 함께했다. 극히 이례적인 일이며, 아나미에게는 '황공하고' 감격스러운 일이었다. 소문이 나면 매우 곤란한 상황이 될 수 있으므로, 천황의 최측근만이 알고 철저한 보안 속에서 극비리에 이루어졌다. 51세의 아나미는 사단장이 되어 처음으로 실전에 임하게 되었다. 러일전쟁 이후 큰 전쟁이 없었으므로 당시의 지휘관들에게는 일반적인 상황이었으나, 특히 육군대학교를 나온 엘리트 참모들에게는 더더욱 처음 경험하는 전쟁이었다.

10개월여 사단장으로 중국 전선에 있다가 참모본부로 발령나 귀국하였다. 그리고 아베(阿部信行) 내각의 하타(畑俊六) 육군대신 때인 1939년 10월 육군차관이 되었다. 일본의 패배로 끝난 노몽한사건 직후였다. 아나미는 육사 동기인 사와다 시게루(沢田茂, 18기) 참모차장과 호흡을 맞추어 사후 처리에 노력하였다. 그 후 요나이(米内光政) 내각에서도 유임되었다. 그러나 3국동맹 체결 문제에 있어서는 화합을 중시하던 사와다와 함께 육군의 동맹추진론에 동조하여 하타 육군대신에게 사임을 건의하였다.

이어 성립된 제2차 고노에 내각의 도죠 육군대신 밑에서 계속 육군차관에 유임되었다. 그러나 여러 가지 문제로 도죠와 부딪혔고, 결국 8개월 뒤인 1941년 4월 제11군 사령관이 되어 다시 중국 전선으로 나가게 되었다. 그러나 아나미는 중국에서 계속되는 작전 실패로 고전하였다. 1942년 7월에는 관동군 예하의 제2방면군 사령관으로 전임되어 만주로 이동하였고, 1943년 5월 육군대장에 진급하였다. 10월에는 미군의 반격으로 고전을 면치 못하고 있던 오스트레일리아 북부지역의 전력 보강을 위해 만주의 제2방면군이 이 지역으로 이동 배치되었다. 그러나 이미 전세는 완전히 기울어졌고, 이를 만회한다는 것은 절망적인 상태였다.

본국에서는 도죠 내각이 물러나고 1944년 7월 고이소 내각이 성립되었다. 그 해 말 아나미는 육군항공본부장으로 전임되어 일본으로 귀국하였다. 전쟁이 막바지로 가는 상황에서 육군대신을 맡을 후보를 육군 중앙 부서로 옮겨놓은 인사였다. 그 후 본장에서 설명한 대로 스즈키 내각의 육군대신이 되어 패전의 순간을 맞이하게 되었다.

종전을 결정한 어전회의와 그 뒷처리를 마쳤을 때, 육군성의 일부 장교들이 자결하겠다고 하자 "앞으로의 대혼란 상황을 평온하게 수습하는 것이 육군 중앙 막료의 임무다. 외지로부터 군대의 귀환도 신속히 처리하지 않으면 안 된다. 귀관들은 이 2가지 일을 완수해주기 바란다"며 자결을 말렸다. 밤 11시 넘어 육군대신 관저로 돌아온 아나미는 관저로 찾아온 육군중좌인 처남과 함께 술을 마시며 이야기를 나누었다. 이야기는 다름 아닌 유언이었다. 아나미의 자녀는 5남 2녀. 장남과 막내는 20살 차이였다. 막내아들은 아나미가 육군차관이었던 54살 때 태어나 당시 4살이었다. 둘째는 육군사관학교를 졸업한 소위로 1943년 중국 전선에서 전사했다.

처남에게 말했다.

"막내는 어린 것을 가끔 야단쳐서 마음이 조금 아프지만, 지난번 함께 목욕을 하면서 씻겨 줬으니 애비 마음 알아주겠지... 모두 똑같이 귀여워했다고 전해주게... 집사람에게는 항상 신뢰와 감사한 마음 잊지 않고 간다고... 부탁하네."

15일 새벽, 정복으로 갈아입었다가, 정복 상의를 책상 위에 벗어 놓

앞다. 그리고 상의 가슴에 전사한 아들의 사진을 올려 놓고 옷소매를 앞으로 모았다. 아들을 안은 듯한 모양으로... 그리고 그 앞에서 할복을 하였다. 위에 입은 옷은 천황으로부터 받은 흰 와이셔츠였다. 좀 끔찍한 얘기지만 무신정권 시대에 무사들이 할복을 할 때는, 스스로 칼로 배를 가르는 순간 옆에서 목을 쳐서 절명케 한다. 이것을 '가이샤쿠(介錯·개착)'라고 한다. 칼로 배를 가른다고 바로 죽는 것은 아니므로, 고통을 없애주기 위해 '가이샤쿠'가 필요한 것이다. 그러나 아나미는 처남이 '가이샤쿠'하겠다는 것도 거부하고 자신의 손으로 배 속을 헤집어 큰 혈관을 잘라 절명하였다. 처절한 최후였다.

한 달 뒤, 스기야마(杉山元) 부부가 자결하여 아나미의 부인이 조문하였다. 스기야마 부인의 영정 앞에서 혼자 말했다. "부럽습니다. 저에게는 어린 자식이 있어서 남편을 따라가지 못했습니다."

당시 4살이었던 막내아들 아나미 코레시게(阿南惟茂)는 도쿄대학을 졸업하고 외교관이 되었다. 외무성 아시아국장을 거쳐 2001년부터 2006년까지 주중대사를 역임했다. 중국은 부친이 사단장, 군 사령관, 방면군 사령관으로 싸웠던 곳이다.

섬찍한 얘기를 마무리하기 위해 아나미의 색다른 면을 소개한다. 군인들은 여러 부대를 이동하며 근무하다 보면, 근무지에서 요정 등 화류계 여성들과 스캔들이 생기는 일이 있었다. 당시는 이것이 별로 문제가 되지 않는 시대였다. 군인 중에는 이러한 일을 자랑삼아 '영웅담'처럼 과장하여 말하는 사람도 있었다. 그러나 아나미는 이러한 일을 절대로 하지 않았다고 한다. 함께 근무하던 부서에서 단체(?)로 그런 곳을 가게 되면, 거부하거나 화내지 않고 따라갔다. 그리고 상대 여성과 함께 방에 들어가 차를 마시며 잠시 이야기하다가 주위가 조용해지면 그대로 나왔다고 한다. 아나미의 이런 행동을 확인하고 싶은 동료들이 아나미의 상대 여성에게 확인해봐도 틀림없었다고 한다. 그러나 상대 여성에게 지불해야 할 돈은 제대로 주고 나왔다. 그래서 생긴 별명이 있었다. - 일혈 거사(一穴居士).

일본제국 육군의 흥망

리더십의 결여와 참모의 폭주

초판 인쇄 | 2023년 12월 1일
초판 발행 | 2023년 12월 8일

지 은 이　김준영
발 행 인　한정희
발 행 처　경인문화사
편　　집　이다빈 김지선 유지혜 한주연 김윤진
마 케 팅　전병관 하재일 유인순
출 판 번 호　406-1973-000003호
주　　소　파주시 회동길 445-1 경인빌딩 B동 4층
전　　화　031-955-9300 팩 스 031-955-9310
홈 페 이 지　www.kyunginp.co.kr
이 메 일　kyungin@kyunginp.co.kr

ISBN 978-89-499-6764-6　03910
값 19,000원